고대 근동의 신화와 종교

차례
Contents

03 고대 근동 세계의 발견 09 고대 문명의 발원지인 수메르 27 악카드를 계승한 바빌론과 앗수르 42 태양신의 나라 이집트 61 가나안으로 알려진 시리아-팔레스타인 74 성서의 고장 이스라엘

고대 근동 세계의 발견

비옥한 초승달 지대

우리가 흔히 말하는 고대 근동(古代 近東, Ancient Near East) 세계는 메소포타미아로부터 시작하여 시리아-팔레스타인을 거쳐 이집트에 이르는 방대한 지역을 일컫는다. 지금의 터키, 이란, 이라크, 시리아, 레바논, 요르단, 이스라엘, 사우디아라비아, 이집트 등의 나라들이 이 지역에 속해 있다. 그런데 이 일대는 그 모양이 꼭 초승달 같다 하여, 일찍이 '비옥한 초승달 지대'(the Fertile Crescent)로 불리기도 했다. 이 지역이 비옥할 수밖에 없었던 것은 문명의 기초를 이루었던 세 개의 강이 그 일대를 흐르고 있었기 때문이다. 티그리스와 유프라테스

비옥한 초승달 지대

두 강이 북쪽의 메소포타미아 지역을 가로지르고 있었고, 남쪽의 이집트에는 나일 강이 흐르고 있었던 것이다. 이 강들이 있었기에 고대 근동 지역은 일찍부터 문명의 꽃을 피울 수 있었다.

그러나 오늘날에는 고대 근동 세계를 일컬어 더 이상 '비옥한 초승달 지대'라 부르지 않는다. 그곳이 문명의 발상지였을 때는 그러한 표현이 너무도 적절한 것이었지만, 오늘날 아랍권과 이스라엘로 대별되는 이 일대가 지금까지도 문명의 꽃으로서의 역할을 수행하고 있다 하기는 어렵기 때문이다. 물론 찬란한 고대 문명의 기초를 이루었던 세 개의 강들이 여전히 남아 있기는 하다. 그러나 각종 공해 물질로 인한 수질 오염과 댐 건설로 인한 수량 감소 탓에 그 강들의 비옥함은 예전 같지 않다. 그리고 그 강들을 중심으로 하여 꽃피었던 문명도 이

제는 사라지고 없다. 여기저기 흩어져 있는 유적지들이나 박물관에서 겨우 그 흔적을 찾아볼 수 있을 뿐이다.

그럼에도 불구하고 고대 근동 세계는 오늘의 사람들에게 꾸준한 관심과 연구의 대상으로 다가온다. 비록 찬란한 옛 문명은 사라졌어도, 그곳에 살던 옛사람들의 삶과 문화와 종교는 첨단 과학 시대를 살아가는 오늘의 우리에게도 소중한 정신적 유산으로 남아 있는 까닭이다. 특히나 서양 문명의 원류인 헤브라이즘이 태어난 곳이 그곳이고, 헤브라이즘의 모판에 해당하는 셈족 문명 – 더 넓게는 함족 문명까지도 포함하는 – 의 본고장이 그곳임에야 더 말할 필요가 없을 것이다. 그 뿐이 아니다. 고대 근동 세계는 어찌 보면 한국과 똑같은 동양 문화권에 속한 문명 세계라 할 수 있다. 따라서 우리는 그곳을 들여다봄으로써 간접적으로 우리 자신의 과거를 배울 수도 있다. 무엇보다도 그곳에 살던 사람들의 종교 세계는 풍부한 종교 유산을 간직하고 있는 한국의 종교 이해에 상당한 자극을 줄 것이다. 세계 3대 종교의 하나요, 한국 현대 종교의 큰 맥을 형성하고 있는 기독교가 고대 근동 세계에 뿌리를 두고 있다는 사실 역시 고대 근동의 종교들에 대한 일반인들의 관심을 증대시킬 것임에 틀림이 없다.

왜 고대 '근동'인가?

문명이 쇠퇴하면서 고대 근동 세계는 오랫동안 사람들의

기억에서 잊혀진 채로 있었다. 불과 200여 년 전만 해도 고대 근동 세계에 대한 지식의 거의 대부분은 기독교 경전인 구약 성서에 의존하고 있었다. 그리고 이차적으로는 고대 그리스의 역사가인 헤로도투스(기원전 5세기)와 유대 역사가인 요세푸스 (기원후 1세기) 및 초기 교회 교부 시대의 교회사가인 유세비우스(기원후 4세기) 등과 같은 고전적인 저술가들의 간접적인 정보나 여행가들의 여행 이야기들에 의존하기도 했다. 그러나 그러한 정보들은 지극히 단편적이고 부분적인 것들이어서, 고대 근동 세계 전반에 관한 포괄적인 이해를 돕기에는 너무도 불충분했다. 그저 오랜 옛날에 그런 세계가 있었나 보다 하는 생각을 넘어서지는 못했다.

이러한 생각은 유럽의 확장과 더불어 서서히 깨지기 시작했다. 제국주의에 바탕을 둔 유럽의 영토 확장은 고대 그리스와 로마에 버금가는 거대한 문명 세계가 고대 근동 지역에 존재하고 있었다는 놀라운 사실을 밝혀주었던 것이다. 그 발단이 된 것은 1798년에 이루어진 나폴레옹의 이집트 원정(遠征)이었다. 보통 때처럼 고대사에 밝은 학자들을 대동한 나폴레옹은 나일 삼각주의 로제타라는 마을에서 한 개의 특이한 현무암 석비를 발견하였다. 이른바 로제타 석비(Rosetta Stone)가 바로 그것이다. 이 석비는 이집트의 프톨레미 5세(Ptolemy V)가 기원전 196년에 발표한 법령과 왕의 공덕을 기리는 내용을 담고 있었다.

그런데 흥미롭게도 이 석비는 동일한 내용을 세 개의 상이

로제타 석비

한 언어로 기록한 것이었다. 가장 윗부분에서는 고대 이집트의 전형적인 상형문자를 사용하였고, 중간 부분에서는 이집트의 일반 대중이 사용했던 민중문자를, 그리고 아랫부분에서는 그리스 문자인 희랍어를 사용했던 것이다. 이 석비에 새겨진 이집트 문자들은 프랑스의 샹폴리옹(J. F. Champollion)에 의해 완전히 해독되었다(1882).

이처럼 로제타 석비의 발견과 해독을 계기로 하여 알려지기 시작한 이집트의 고대 문명은 당시의 유럽 사람들에게 엄청난 감동과 흥분을 가져다주었다. 고대 그리스·로마 문명밖에 모르던 유럽 사람들에게 로마를 수천 년이나 앞선 이집트의 문명은 충격적인 것일 수밖에 없었다. 유럽이 아직 원시적인 사냥 생활을 하고 있을 때, 이집트는 벌써 통일 왕국을 이루고 찬란한 문화를 꽃피우고 있었던 것이다. 이집트 문명에 대한 유럽 사람들의 이러한 관심은 마침내 메소포타미아 지역과 시리아-팔레스타인 지역에까지 확장되었다.

메소포타미아 지역의 발굴은 프랑스에 의해 시작되었다. 비록 이 시기의 발굴 작업이 보물찾기의 수준을 넘지 못했고, 발굴 기술이 미숙하여 유물이나 유적지를 심하게 파괴하는 결과를 초래하기도 했지만, 이들의 발굴 작업은 유럽 전역의 학자들에게 큰 흥밋거리를 제공했다. 시리아-팔레스타인 지역의 고고학 발굴 상황은 훨씬 열악했다. 사실 이 지역은 오래 전부터 많은 성지 순례자들과 십자군의 관심을 끌었던 곳이다. 그러나 그들의 관심은 대체적으로 경건함에서 비롯된 것이었다. 체계적인 발굴 작업은 미국과 유럽의 여러 학자들에 의해 이루어졌다.

이렇듯이 19세기 초부터 시작된 고대 근동 세계의 발굴은 한층 발전된 발굴 기술에 의지하여 지금까지도 계속되고 있다. 그런데 왜 그 지역을 사람들은 고대 '근동'이라 칭하는 것일까? 그것은 이 지역의 발굴과 그 결과에 대한 연구가 주로 프랑스, 영국, 독일 등의 유럽 지역 학자들에 의해 주도되었기 때문이다. 유럽 학자들의 시각에서 볼 경우, 고대 문명의 발상지인 비옥한 초승달 지대는 '근동', 곧 가까운 동쪽에 있는 땅이었던 것이다. 지금에 와서는 미국 학자들의 비중이 점차 커지고 또 중동 지역 학자들의 역할도 무시할 수 없는 까닭에, 유럽적인 시각을 강하게 가지고 있는 '고대 근동' 대신에 '고대 중동' 또는 '고대 중근동'이라는 표현을 사용하자는 주장도 없잖아 있다. 그러나 '고대 근동'이라는 표현이 이미 학문적으로 정착된 용어이다 보니, 요즘에는 거의 대부분이 '고대 근동'이라는 표현을 선호하는 것으로 보인다.

고대 문명의 발원지인 수메르

잘 알려진 바와 같이 수메르(Sumer)는 고대 문명의 시초를 이룬 지역이요, 메소포타미아 문명의 발원지에 해당하는 곳이다. 지리적으로 본다면, 수메르는 메소포타미아의 하부(下部) 지역을 지칭하는 이름으로, 바그다드 북쪽으로부터 페르시아 만에 이르는 지금의 이라크와 거의 일치한다. 그러나 정작 수메르 사람들은 처음부터 이 지역에 거주하던 자들이 아니었다. 그들은 기원을 알 수 없는 곳으로부터 이 지역에 이주한 자들이었으므로 셈족이라 할 수 없는 자들이었다. 그러나 그와 동시에 그들은 다음 세대의 셈족에 의해 절정에 달한 고대 메소포타미아 문명의 기초를 이룬 사람들이었다.

그렇다면 수메르 민족의 거주지요 수메르 문명의 발원지인 메소포타미아는 지리적으로 어떤 특징을 갖는 곳인가? '메소포타미아'라는 표현은 두 개의 희랍어 낱말, 곧 '메소스'(between)와 '포타모스'(river)가 합쳐져서 이루어진 것이다. 쉽게 이해하자면 '티그리스와 유프라테스 두 강 사이에 있는 지역'이라는 뜻이다. 기원전 3천년대에 시작된 수메르 문명은 이 두 강을 중심으로 하여 꽃을 피웠고, 메소포타미아 문명의 모판 역할을 했다.

기원전 3천년경의 수메르는 이미 발달된 도시 문명을 가지고 있었다. 수메르가 여러 개의 도시 국가들로 이루어져 있었다는 사실이 그 점을 뒷받침한다. 도시 국가(city state)라는 것은 한 개의 도시가 하나의 국가로서 기능하는 경우를 일컫는 바, 수메르는 문명의 초기에 이미 도시 국가 체제를 가지고 있었던 것이다. 대표적인 도시 국가들에는 우르(Ur: 창 11:28, 31), 우룩(Uruk) 또는 에렉(Erech: 창 10:10), 이신(Isin), 라르사(Larsa), 라가쉬(Lagash), 시파르(Sippar), 니푸르(Nippur), 에리두(Eridu), 키쉬(Kish) 등이 있었다.

그러나 수메르 문명의 영화는 오래 가지 못했다. 수메르는 기원전 2400년경부터 악카드(Akkad: 창 10:10의 '악갓')의 지배를, 그 후에는 악카드를 정복한 구트족(Gutians)의 지배를 받다가 2100~2000년 사이에 잠시 독립을 회복할 수 있었다. 회복된 수메르는 우르 제3왕조 때 전성기를 이루었다. 우르 제3왕조의 창시자인 우르남무(Ur-Nammu)는 인류 최초의 법전인 우르남무 법전을 남긴 왕으로 유명하다. 우르 제3왕조는 기원전

1970년경에 셈족 계열인 아모리 족속에게 멸망하였다. 후에 아모리 족속의 한 도시 국가인 바빌론이 메소포타미아 전역을 평정하면서 함무라비 왕의 시대가 열린다.

수메르 사람들이 섬기던 신들

메소포타미아 지역이 비옥한 땅이긴 해도 그곳이 수메르 사람들에게 항상 풍요와 안전을 가져다준 것은 아니었다. 오히려 그 반대의 경우가 더 많았다. 강한 비바람이 불어 그들의 삶의 터전을 송두리째 날려 보내고 태양이 농작물을 태우는가 하면, 들짐승들이 그들의 가축과 농산물을 파괴하는 일이 다반사였다. 자연을 향한 그들의 싸움은 항상 지는 싸움이었다. 특히 티그리스와 유프라테스, 두 강을 향한 싸움이 그러했다. 하늘에서 내리는 비와 산에서 녹는 눈은 그 시기가 항상 일치하는 것이 아니어서, 홍수의 시기를 도무지 예측할 수 없었다. 뿐만 아니라 한 번 홍수가 나면 그 피해가 너무도 광범위했다.

이 때문에 수메르 사람들은 일찍부터 자연계에 인간보다 위대한 어떤 힘(power)이 있다고 믿었고, 그것과 바른 관계를 유지해야 한다고 생각했다. 그들은 이 힘이야말로 우주 만물을 통제하는 것으로, 인간의 지혜와 지식을 우습게 만드는 것이요, 따라서 그 힘과 올바른 관계를 맺지 않고서는 인간의 생존이 불가능하다고 믿었다. 그리하여 그들은 일찍부터 자연계에 있는 여러 요소들을 신적인 존재로 숭배하기 시작하였다.

더 정확하게 말해서, 그들은 자연계의 여러 요소들 안에서 또는 그 배후에서 작용하는 어떤 힘이나 의지(will)를 신적인 존재로 숭배하고자 한 것이다.

이 점에서 본다면 수메르 사람들이 섬기던 신들은 자연계의 한 부분을 신격화한 것들이요, 따라서 자연신(nature gods)의 성격을 가지고 있었던 셈이다. 그들의 종교는 일종의 자연종교(nature religion)요, 다신교(polytheism)였다. 그러다 보니 그들이 섬기던 신들은 그 종류도 많을 뿐더러(정확하지는 않지만 대략 2천~3천 정도의 신들이 있다고 알려져 있다) 성격도 매우 다양했다. 그리고 그 신들 사이에는 그들 나름의 계층 질서가 있어 상위에 속하는 신들이 있는가 하면 하위에 속하는 신들도 있었다. 수메르 종교의 이러한 특징은 수메르의 경우에만 해당되는 것이 아니다. 어찌 보면 그것은 고대 근동 지역 전반에 공통적으로 해당하는 것이라 할 수 있다.

수메르 사람들이 숭배하던 신들 중 가장 상위에 속하는 신들에는 하늘의 신인 아누(Anu) 또는 안(An), 대기와 바람의 신인 엔릴(Enlil), 물의 신인 엔키(Enki), 어머니 신인 닌후르삭(Ninhursag) 등이 있었다. 이 네 신은 창조신이라는 공통점을 가지고 있다. 물론 그들 중 최고신은 아누이다. 수메르 사람들은 각 도시마다 수호신을 두었는데, 수메르 만신전(萬神殿, pantheon)의 최고신인 아누는 우룩의 수호신이었다. 그러나 아누는 이론상으로만 최고신일 뿐이지, 실제로는 그의 아들이면서 니푸르의 수호신인 엔릴이 가장 활동적이고 탁월한 신이었다. 신들의 아버지요 모든 통치자들의 모델인 아누가 신들 세계의 권위를 대표하는 자로서 명령을 내리는 신이라면, 엔릴은 신들 세계의 힘을 상징하는 자로 아누의 권위를 대변함과 동시에 그의 명령을 집행하는 일을 담당하였다고 볼 수 있다.

엔릴 다음의 신은 지하에 있는 담수(淡水)를 지배하는 신이요, 에리두의 수호신인 엔키이다. 지혜의 신이자 주술의 신인 엔키는 태초에 자신의 지혜로운 계획에 의해 세상이 만들어지도록 한 장본인이요, 인간 창조를 주도한 신이다. 또한 그는 하늘로부터 지상 세계에 비를 내림으로써 땅을 비옥하게 하고 강에 신선한 물을 가득 채우는 신이다. 그가 제공하는 풍부한 물 덕택에 들판은 풍성한 수확을 내고, 가축 떼는 맛있는 크림과 우유를 만들어낸다.

마지막으로 네 번째 직위의 신은 지모신(地母神, Mother Earth)에 해당하는 닌후르삭 여신이다. 닌마흐(Ninmah) 또는 닌투(Nintu)라고도 불리는 닌후르삭은 해마다 새로운 풀과 식물이 자라게 하고, 건조한 사막 지역이 비옥한 땅으로 바뀌게 한다. 또한 양과 염소를 비롯한 각종 가축 떼가 늘어나게 하고 풍성한 수확을 가능케 함과 동시에, 창고가 온갖 곡물로 넘치게 한다. 닌후르삭은 우주 안에 있는 모든 생산적인 힘들의 화육(incarnation)인 까닭에 신들의 어머니로 불리며, 인류의 어머니요, 창조자로 여겨지기도 한다.

수메르 사람들은 이상의 네 창조신들과는 별도로 세 종류의 천체 신들을 숭배하기도 했다. 달신(moon-god)인 난나(Nanna)와 태양신 우투(Utu) 및 전쟁과 풍요의 여신 이난나(Inanna) 등이 그렇다. 그 첫 번째인 난나는 달의 힘을 상징하는 여신으로, 우르의 수호신으로 숭배되었다. 그리고 달신의 아들로 알려진 우투는 세계의 질서를 조정하고 감독하는 정의의 신이요, 재판관으로서 시파르의 수호신으로 숭배되었다. 그런가 하면 이난나는 수메르 종교에서 가장 중요한 여신으로서, 금성(Venus)으로 묘사되는 별신으로 이해되었다. 그는 전쟁의 여신이요, 사랑과 풍요의 여신이기도 했다.

수메르 만신전에는 이상의 일곱 신들 외에도 상위 계층에 해당하는 50신들의 모임이 있었는데, 그 모임은 흔히 아눈나키(Anunnaki)라 불렸다. 이들 중에서 가장 유명한 신은 두무지(Dumuzi)이다. 그는 본래 우룩의 왕이었으나 나중에 신의 지위를 부여받아 가축을 돌보는 목동 신으로 숭배되며, 이난나 여신의 배우자로서 죽었다가 다시 살아나는 죽음-부활의 의식을 대표하는 신으로 자주 언급된다.

주요 신화들

고대 문명이 갖는 공통된 특징들 중의 하나는 고대인들이 한결같이 그들 나름의 문자 체계를 가지고 있다는 사실이다. 그들은 문자 기록을 통하여 자기들의 문명을 체계적으로 정리하고 보급했을 뿐만 아니라, 그들의 정신세계와 삶의 실재를 적나라하게 표현하였다. 그들이 점토판(clay tablets)에 설형문자(쐐기문자)로 남긴 문헌들은 각종 행정 문서, 외교 서신, 법전 자료, 각종 계약서, 신화, 문학 작품 등의 모든 장르를 망라하고 있었다. 그중에서도 수메르 종교의 실상을 가장 잘 보여주는 것이 신화 자료들이다. 이에는 창조와 관련된 신화, 홍수와 관련된 신화, 거룩한 결혼 의식과 관련된 신화 등이 있다.

먼저 창조와 관련된 신화를 보도록 하자. 세계 창조에 관한 신화는 아직껏 발견된 것이 없고, 오로지 인간 창조에 관한 신화들만 남아 있다. 그 가장 대표적인 것이 '엔키와 닌마흐'(Enki and Ninmah)라는 작품이다. 이 신화는 상급 신들을 위해 일하던 하급 신들이 힘겨운 노역에 대해 불평하는 것으로 시작한다. 그러나 지혜의 신 엔키는 깊은 잠에 빠져 있어 그들의 불평과 탄식을 듣지 못한다. 이에 그의 어머니 남무(Nammu)가 그를 잠에서 깨우고, 엔키는 그녀에게 어떻게 하면 닌마흐 여신의 도움을 받아 원시 대양인 압수(Apsu) 위의 진흙을 가지고서 신들의 노역을 거들 인간을 만들 수 있는지를 가르쳐준다. 자신의 방법대로 인간을 창조한 엔키는 그것을 기념하는 잔치를 벌인다.

후반부에서 장애인과 조산아의 창조에 관해서도 서술하는 이 신화는 인간이 신들의 일, 곧 그들의 양식을 조달하는 일을 하기 위해 만들어졌으며, 또한 흙으로부터 생겨났다는 것을 아울러 말하고 있다. 여기서 분명하게 드러나는 것은 인간이 노동하고 일하는 존재라는 인식이다. 이러한 인식은 '가축과 곡물 사이의 논쟁'(The Dispute between Cattle and Grain)이라는 작품에도 그대로 반영되어 있다. 이 신화에 의하면 신들은 아누나키 소속 신들에게 음식을 제공하고 의복을 입히려는 목적으로 인간을 창조한다.

홍수와 관련된 신화에는 '지우수드라(Ziusudra)의 홍수 이야기'가 있다. 니푸르(Nippur)에서 발굴된 이 신화의 첫 부분은 인간과 곡물 및 동물 등의 창조, 왕권의 신적인 기원, 홍수 이전의 다섯 성읍의 건립 등의 내용을 서술한다. 그 후 신들이 인간을 홍수로 멸절하려고 계획하는 이야기가 이어진다. 지혜의 신 엔키는 신들이 홍수를 보내어 인류를 멸하려 한다는 사실을 당시의 경건한 왕이요 제사장인 지우수드라(Ziusudra)에게 꿈을 통해서 알린다. 엔키는 이 꿈에서 그에게 큰 배를 만들어 피신할 것을 명하고, 지우수드라는 이를 그대로 실행에 옮겨 7일 동안 계속되는 홍수로부터 생명을 건진다. 홍수가 끝난 후 그는 태양신 우투에게 소와 양으로 제사를 드리고, 나중에는 아누와 엔릴에게서 영원한 생명을 선물로 받은 후, 태양이 떠오르는 낙원인 딜문(Dilmun)으로 이주한다.

이 신화는 신들이 주인공으로 나오는 대부분의 신화들과 달리 인간이 주인공으로 나오는 것으로, 유한한 인간이 신들의 은총을 입어 영원한 생명을 얻는다는 다소 특이한 내용을 담고 있다. 특히 주목할 것은 지우수드라가 신들의 거주지인 딜문에 거주하게 된다는 내용이다. 딜문에 관한 언급은 수메르 지역의 신화들에 많이 나타나는데, 그중에서도 특히 낙원 신화로 알려진 '엔키와 닌후르삭'(Enki and Ninhursag)을 보면 딜문이 어떠한 곳인지 금방 알 수 있다. 이 신화에 의하면 딜문은 "사자가 다른 짐승을 죽이지 않고 늑대가 양을 덮치지 않고 사나운 개도 어린 아이를 해치지 않는" 곳이요, 질병과 고통이 없는 곳이요, 나이 든 사람들을 찾을 수 없는 곳이다.

마지막으로 두무지와 이난나 사이의 거룩한 결혼(hieros gamos: sacred marriage)을 다루는 신화들이 있다. 이 신화들을 묶어서 흔히 '두무지와 이난나'(Dumuzi and Inanna)라는 이름으로 부르기도 한다. 그중 특히 '구애, 결혼, 신혼'(Courting, Marriage, and Honeymoon)이라는 제목의 작품이 둘 사이의 결혼을 가장 분명하게 다루고 있다. 이 작품에 의하면, 두무지는 각종 음식물을 선물로 가지고 이난나의 집을 찾아가 그녀와 깊은 사랑의 관계를 맺는다. '두무지와 엔킴두(Enkimdu)'라는 제목의 신화 역시 둘 사이의 결혼에 관해 묘사한다. 이 작품에 의하면, 이난나의 오라비요 보호자인 태양신 우투는 이난나에게 두무지의 아내가 될 것을 권한다. 이난나는 처음에는 그것을 단호하게 거절하고 농부 엔킴두의 아내가 되기로 작정하지만, 나중에 두무지의 설득력 있는 주장에 밀려 그와 결혼하기로 마음을 바꾼다. 이로써 둘 사이에 결혼이 이루어지고 두무지는 엔킴두를 혼인 잔치에 초청한다.

제의와 왕정

수메르 사람들은 만신전에 속한 주요 신들이야말로 삶의

안전과 평화 및 풍요를 보증해 주는 존재들이라고 생각했다. 그래서 그들은 만신전의 신들을 섬기고 그들에게 경배함으로써 삶의 풍요를 보장받고, 불확실성으로 가득 찬 세상 속에서 참된 안정을 누릴 수 있다고 믿었다. 이를테면 자기들이 섬기는 신들의 집(신전)에서 그들에게 짐승이나 곡물을 제물로 바침으로써 그들의 호의(好意)를 얻게 되고, 그 결과 풍요로운 삶을 약속받을 수 있다고 믿었다는 얘기다.

그러나 지상 세계의 안정과 풍요는 단순히 그것을 제공하는 신들의 임의적인 행동에 의해서만 주어지는 것이 아니다. 달리 말해서 주요 신들의 제의(cult)에 참여함으로써 그들로부터 주어지는 풍요를 수동적으로 기다리기만 하는 방식이 신들을 섬기는 방식의 전부는 아니었다는 말이다. 지상 세계의 안정과 풍요는 나라 전체를 대표하면서 동시에 신들을 대리하는 왕의 제의적인 역할을 통해서도 주어졌다. 이에는 크게 두 가지가 있다. 그 하나는 이른바 풍요를 주관하는 남신과 여신의 거룩한 결혼을 재현하는 의식이고, 다른 하나는 풍요를 주관하는 신의 죽음과 부활을 재현하는 의식이다. 넓게 보면 이 두 가지는 제물을 통하여 신들의 호의를 얻고자 하던 것과는 다른 형태의 제의 행위에 해당한다고 볼 수 있다.

먼저 첫 번째 경우를 보도록 하자. 수메르 사람들은 왕이 풍요의 여신을 상징하는 여사제(priestess)나 거룩한 창기(sacred prostitute) 또는 신전 창기(temple prostitute)와 성관계를 맺는 적극적인 제의 행위를 수행함으로써 지상 세계의 풍요와 안정을 확보할 수 있다고 믿었다. 이것을 가장 잘 보여 주는 것이 바로 두무지와 이난나 사이의 결혼에 관한 것으로, 우룩에서 발견된 기원전 4천년대의 돌항아리에 그 모습이 잘 새겨져 있다. 이 그림은 두무지를 대표하는 왕이 각종 선물들을 들고서 이난나의 집(신전) 문 앞에 서서 그녀의 사랑을 구하는 모습과 함께, 이난나가 두무지를 영접하는 모습을 잘 묘사함으로써 둘 사이에 거룩한 결혼이 이루어지고 있음을 분명하게 보여 준다.

거룩한 결혼 의식을 반영하는 우룩의 돌항아리. 맨 윗단은 이난나 여신을 대표하는 갈대 기둥 앞의 여사제에게 벌거벗은 사제가 혼인 선물로 과일 열매를 바치는 모습을 담고 있다.
두 번째 단은 신전에서 일하는 사제들이 벌거벗은 채로 음식과 술 등 제물을 들고 이난나 신전으로 향하는 행렬의 모습을 보여 주고, 아래 두 단은 거룩한 결혼의 결과로 곡식과 가축이 늘어나는 것을 보여 준다.

실제로 이 두 신의 결혼에 관해 설명하는 신화들에 의하면, 그들의 결혼은 구애와 결혼의 두 단계로 이루어진다. 그 작품들에 묘사된 둘 사이의 결혼은, 신년 제의(祭儀) 때에 현직 왕이 제사장 자격으로 신전 옆의 거대한 신전탑(지구라트, ziggurat) 꼭대기에서 이난나 여신을 대표하는 여사제나 신전 창기와 결혼하는 형식을 취함으로써 국가 제의의 한 부분으로 확장되기에 이르렀다. 여기서 우리는 현직 왕이 이난나의 남편인 두무지와 상징적으로 동일시되고, 여사제 역시 이난나와 동일시되고 있다는 점에 주목할 필요가 있다. 이들은 제각기 백성 전체를 대표해서 두무지와 이난나의 역할을 수행하였을 것이며, 백성들 역시 그 결혼 의식에 참여함으로써 자신을 성혼(聖婚) 의식의 주인공들과 동일시하였을 것이다.

그렇다면 왕과 여사제 사이에 이루어지던 거룩한 결혼이나 성적인 결합은 본래 어떠한 목적을 가지고 있었을까? 두무지가 봄철의 생명력을 상징하고 이난나는 자연계의 풍요를 상징한다는 점을 고려한다면, 이들의 연례적인 결합은 봄철에 있는 자연의 소생을 뜻했을 것이다. 그 까닭에 당시 사람들은 둘 사이의 거룩한 결혼이 자연의 풍요와 생명력을 구체화시킨다고 믿었다. 이것은 결국 당시의 왕이 거룩한 결혼을 통해 백성을 행복하게 하고 번성하게 하고 풍요롭게 하는, 이른바 목자(shepherd)로서의 책임을 지고 있었음을 뜻한다.

왕의 이러한 제의적인 기능이 가능했던 것은, 그 시대가 아직은 제정일치(祭政一致)의 모습을 그대로 간직하고 있었기 때문이다. 제의와 왕정은 마치 동전의 앞뒷면과도 같아서 서로 분리시킬 수 없는 밀월 관계에 있었던 것이다. 더욱이 왕권이 하늘로부터 내려온 것이요, 따라서 왕은 신에게서 그의 왕권을 부여받았고 그는 곧 신의 선택된 아들이나 다름이 없다고 믿던 시대이고 보면, 왕이 신의 대리자로서 제의적인 기능을 담당하는 것은 전혀 이상한 일이 아니었다.

이 점은 두무지의 죽음과 부활을 재현하는 의식의 경우에도 예외가 아니다. 이난나와 결혼하게 된 두무지는 불행하게도 알 수 없는 어떤 이유로 인하여 지상계를 떠나 지하 세계로 내려감으로써 갑작스럽게 죽음을 맞는다. 그의 돌연한 죽음은 풍요의 계절인 봄철이 지나가고 뜨겁고 건조한 여름이 계속됨으로써 곡물 수확이 급격하게 감소하는 것을 뜻했다. 이난나는 두무지를 찾으려고 지하계로 내려가기에 앞서 그의 죽음을 슬퍼하는 애곡 의식을 행하는 바, 그의 애곡 의식은 예배자들의 애도 의식(mourning rites)으로 구체화되었다. 두무지의 부활을 기원하던 그들의 애도 의식은 곡물 수확이 예전처럼 증대되기를 바라는 그 지역 사람들의 간절한 기대감을 표현하는 것이었다. 이난나의 지하계 여행 후에 두무지는 다시 지상 세계로 돌아오고, 그럼으로써 지상 세계의 곡물 수확은 애도 의식이 기대한 바와 같이 정상을 되찾게 된다. 이상의 내용을 갖는 두무지의 죽음과 부활은 자연계의 순환을 신화로 표현함과 아울러, 신년 제의 때에 왕에 의해서 재현됨으로써, 거룩한 결혼 의식의 경우와 마찬가지로 제정일치 시대의 왕의 제의적인 기능이 얼마나 중요한 의미를 가지고 있었는지를 분명하게 보여 준다.

신탁과 점술 그리고 주술

수메르의 창조 신화들에 의하면 인간은 신들을 섬기기 위해, 그리고 그들의 숙식 문제를 해결하기 위해 창조된 존재이다. 따라서 여러 신전들에서 신들을 위해 제사를 드리는 일은 인간이 당연히 수행해야 할 가장 중요한 의무였다. 물론 그 일이 제대로 수행되도록 하기 위해서는 신들 앞에서 신하들과 백성들을 대표하는 왕의 책임이 절대적으로 요구되었다. 그러나 제사만이 신들을 섬기는 유일한 길은 아니었다. 신들의 뜻을 알고 그것을 실생활에 옮기는 일 역시 신들을 섬기는 한 방법으로서 매우 중요한 의미를 가지고 있었다.

신들의 뜻은 일반적으로 신비로운 것이요, 인간의 지혜와 지식으로 헤아리기 어려운 것으로 간주되었다. 그렇다고 신들의 뜻을 전혀 알 수 없는 것은 아니었다. 신들의 뜻은 신탁 선포나 각종 점술을 통하여 지상 세계에 알려졌다. 신탁 선포가 신들의 직접적인 개입에 의한 계시를 가리킨다면, 점술은 특별한 기술을 통하여 신들의 뜻을 아는 방식을 가리킨다.

먼저 신탁(oracle) 선포의 경우를 보도록 하자. 신탁 메시지는 일반적으로 국내외의 중요한 문제들에 관하여 왕에게 주어지는 것이 원칙이었다. 물론 그 중심 내용은 대체적으로 왕에게 확신과 평안을 주는 것이었지만, 때로는 왕의 잘못을 책망하는 경우도 있었다. 신탁 메시지는 보통 제사장이나 제사장적인 인물을 통해서 선포되었으며, 일반 평민들 중의 한 사람이 신탁 선포의 도구로 선택되기도 했다. 그들은 일종의 황홀경(ecstasy)이나 꿈을 매개로 하여 신탁 메시지를 받았던 것으로 알려져 있다.

신들의 뜻은 점술이나 주술처럼 전문적인 지식을 통하여 간접적으로 전달되는 경우도 있었다. 점술(divination)의 경우

동물의 간을 살펴서 점을
치는 간신점(肝神占), 물
에 기름을 띄워 기름의 모
양이나 흐름을 살펴 점을
치는 수유점(水油占), 나
무로 만든 막대기의 움직
임을 보고서 점을 치는 막
대기점, 화살을 던지거나

간신점에 사용되던 점토판 간의 모델

화살 머리에 글을 새겨 그 가운데 하나를 선택하는 방식의 화살점, 꿈에 대한 해석을 통해 신들의 뜻을 알고자 하는 몽점(夢占), 죽은 자의 영혼을 불러들여 신들의 뜻을 구하는 초혼점(招魂占), 천체의 움직임을 관찰하여 점을 치는 별점(점성술), 돌이나 나무 또는 주사위 등으로 만들어진 제비를 던지거나 뽑아서 점을 치는 제비점 등의 다양한 방법들이 사용되었다.

 이상의 다양한 점술 방법들은 고대 근동 지역 전역에서 제사장들을 비롯한 전문가들에 의해 수행되었다. 수메르 지역도 예외가 아니다. 그러나 수메르 사람들이 이 방법들 모두를 폭넓게 사용했는지 그렇지 않은지는 확정하기 어려운 일이다. 문헌 자료에 의해 뒷받침되는 점술법도 있지만, 그렇지 않은 경우도 있기 때문이다. 앞으로 더 많은 문헌 자료들을 발굴하여 해독하게 된다면, 그 활용 범위를 어느 정도 확인할 수 있을 것이다.

이 외에도 수메르 지역에서는 부적이나 글씨를 새겨 저주함으로써 멀리 떨어져 있는 상대방에게 피해를 입히거나, 특정 질병을 치료하기 위해 주문을 외는 주술(magic)이 널리 시행되었다. 마법으로도 번역되는 주술은 신들에게 있는 초월적인 힘을 조정하여 국가적인 차원에 속한 일이나 개인적인 차원의 일을 해결하려는 목적을 가지고 있는 것으로서, 수메르 지역을 포함한 고대 근동 전역에서 합법적인 주술가(magician)들에 의해 폭넓게 활용되었다.

죽음과 사후 세계

수메르 사람들은 죽음을 어떻게 이해했을까? 남겨진 자료가 많지 않아 이에 대한 답변을 하기가 쉽지는 않다. 그러나 지금껏 발굴·해독된 자료들을 통하여 그들이 죽음과 죽은 자들의 세계에 대해서 어떠한 개념을 가지고 있었는지를 우회적으로 확인할 수는 있다. '길가메쉬와 산 자들의 땅'(Gilgamesh and the Land of the Living)이라는 서사시를 읽어보면, 우룩의 성주(城主)인 길가메쉬는 모든 다른 인간과 같이 자신도 죽어야 한다는 것을 알고서, 자신의 운명의 날이 이르기 전에 불멸의 이름을 남기고자 결심한다. 그리하여 그는 멀리 떨어져 있는 '산 자들의 땅'으로 가서 거기에 있는 백향목을 자신의 도시인 우룩으로 가져오고자 한다. 이러한 내용은 수메르 사람들이 죽음에 대한 두려움을 가지고 있으며, 그 두려움을 이기기 위한 한 방편으로 인간이면 누구나 가지고 있을 명예욕, 곧 불멸의 이름을 남기려는 욕망을 강하게 표현하고 있음을 알 수 있다.

앞서 살핀 '지우수드라의 홍수 이야기'에서 지우수드라가 신들의 은총에 힘입어 영원한 생명을 선물로 받는다는 내용도 알고 보면 수메르 사람들이 죽음을 피할 수 없는 것으로 느끼고 있음을 역설적으로 보여 준다. 그들이 때때로 죽은 자들이 반드시 가게 되는 지하 세계(underworld)를 땅 속에 있는 어둠의 도시로, 태양이 미치지 못하는 곳으로, 그리고 돌아올 수 없는 땅으로 묘사하는 것도 그들이 죽음을 필연적인 것으로 이해하고 있음을 보여 준다. 따라서 지우수드라가 영생을 얻어 딜문이라는 낙원에 거주하게 된다는 결론 부분은, 인간의 필멸성 또는 사멸성(mortality)을 넘어서고자 하는 수메르 사람들의 욕망이 얼마나 강했는지를 암시하는 것에 다름 아니다.

또한 수메르 사람들은 죽은 자가 지하계로 내려가기 위해서는 반드시 '사람을 삼키는'(man-devouring) 강을 건너야 한다고 생각했다. 아울러 그들은 죽은 자를 지하계로 인도하는 사공(沙工)이 그 강에 있다고 믿었다. 물론 그 강은 그 누구도 되돌아 나올 수 없는 강이었다. 이처럼 지하계로 내려가는 길은 적어도 인간에게는 도무지 되돌아올 수 없는 길이었지만, 신들에게는 그것이 전혀 불가능한 것이 아니었다. 그 대표적인 예가 '이난나의 지하계 여행'이라는 작품에 잘 묘사되어 있다. 이난나 여신은 배우자인 두무지가 갑자기 죽어 지하계로 내려가 버리자 그의 죽음을 슬퍼하면서 그를 찾아 지하계로 내려가게 되고, 거기서 두무지를 지상 세계로 다시 이끌어 올림으로써 그를 살려낸다.

그러나 신들의 세계에서 발견되는 이러한 지하계 탈출과 지상계 복귀는 어디까지나 인간 세계의 풍요로운 삶을 보증하기 위한 죽음-부활 신화의 의례적인(ritual) 재현을 위한 이데올로기의 산물일 뿐이다. 현실 세계에서는 어떠한 인간도, 심지어는 길가메쉬 같은 영웅조차도 죽음 앞에서는 무기력할 뿐이다. 죽음은 인간에게서 모든 것을 다 빼앗아간다. 눈에 보이지 않는 사랑, 행복, 기쁨 등은 물론이고, 눈에 보이는 물질, 가족, 재산 등 모든 것을 한꺼번에 빼앗아가 버린다. 어느 누구도 이 절대적인 상실로부터 도피하지 못한다. 영웅 길가메쉬의 이야기는 수메르 사람들의 마음속에 있던 이러한 죽음 의식을 있는 그대로 표현한 것이다.

악카드를 계승한 바빌론과 앗수르

수메르 민족이 이라크 남쪽 지역에 정착하여 메소포타미아 문명의 시초를 이루었던 반면, 유목을 주업으로 하는 악카드 족속은 기원전 2600년경부터 이라크 북쪽 지역에 정착하여 최초의 셈족 문화를 이루었다. 수메르를 정복함으로써 실질적으로 악카드 왕국을 건설한 자는 사르곤 1세(Sargon I, 2334~2279)였다. 그에 의해 창건된 악카드 왕국은 나람신(Naramsin, 2260~2223) 왕 때에 전성기를 구가하지만, 오래 가지 못하여 다른 민족에게 멸망당하고 만다. 메소포타미아 동쪽 지역의 자그로스 산맥으로부터 이동해 온 구트족이 기원전 2150년경에 악카드 왕국을 멸한 것이다. 그 와중에 수메르가 100여 년 동안 잠시 국운을 회복하지만, 결국에는 셈족 세력인 아모리 족속에 의해 멸망당한다.

이 아모리 족속에 속한 왕국이 바로 함무라비(1792~1750) 대왕에 의해 시작된 고(古) 바빌론 왕국이다. 함무라비 대왕의 바빌론 제국은 메소포타미아 일대의 크고 작은 나라들을 정복한 후, 수메르 문명을 계승한 악카드의 셈족 문명을 한층 발전시켰다. 그러다가 기원전 14세기 중반경에는 앗수르 우발릿(Asshur-uballit, 1356~1321)에 의해 시작된 셈족의 앗수르 왕국이 당시의 세계 제국으로 성장하여 9~8세기에 전성기에 도달하였고, 기원전 7세기에는 같은 셈족에 속한 갈대아인들이 앗수르를 몰아내고 신(新) 바빌론 제국을 건설하였다. 그러나 신 바빌론 제국도 결국에는 기원전 529년에 신흥 제국인 페르시아에 멸망당하고 말았다.

이상의 역사를 크게 정리한다면 '수메르 → 악카드 → 수메르의 회복 → 고 바빌론 → 앗수르 → 신 바빌론 → 페르시아'로 압축할 수 있다. 이 외에도 크고 작은 다른 나라들과 민족들이 있었지만, 메소포타미아 지역의 정치 질서는 크게 이 흐름을 따라 진행되었다. 이 흐름에서 수메르 민족을 메소포타미아에서 시작된 셈족 문명의 기원을 이룬 자들로 간주하는 이유는, 비록 그들이 타 지역으로부터 이주해온 비셈족(non-Semitic)이긴 해도 수메르를 정복한 사르곤 왕이 수메르의 문화와 종교를 거의 그대로 답습했기 때문이다. 악카드인들은 수메르의 문화적이고 종교적인 유산을 거의 그대로 물려받아 그것을 조금씩 그들 자신의 것들로 발전시켜 나갔던 것이다.

그러나 악카드 왕국이 수메르 문명의 모든 것을 다 가져온 것은 아니다. 그 대표적인 것이 언어이다. 악카드 왕국의 창시자인 사르곤 왕은 수메르어의 사용을 금지시키고 조금 더 발전된 언어인 악카드어를 공식 언어로 채택함으로써, 셈족어인 악카드어가 당시의 국제적인 공용어로 자리 잡게 만들었다. 악카드 왕국 자체는 오래 가지 못했으나, 셈어의 시초인 악카드어는 바빌론 제국과 앗수르 제국으로 이어져 바빌론어와 앗수르어로 분화·발전하였다.

바빌론과 앗수르의 신들

메소포타미아 지역의 역사가 수메르에서 악카드를 거쳐 바빌론과 앗수르로 옮겨가기는 했어도, 악카드를 계승한 바빌론과 앗수르 두 왕국의 종교는 새롭게 바뀐 신들의 이름을 빼고는 이전 시대의 종교를 거의 그대로 이어받았다. 풍요 제공을 포함한 신들의 다양한 역할과 기능이 별다른 변화를 겪지 않고서 거의 그대로 승계되었다는 얘기다. 따라서 악카드와 바빌론·앗수르의 셈족 신들이 자연신의 성격을 가지고 있고, 그들의 종교가 자연 종교 내지는 다신교에 해당한다는 점은 수메르 종교의 경우와 전혀 다를 바가 없다.

실제로 수메르 만신전의 최고신인 아누와 엔릴 두 신의 자리는 바빌론과 앗수르에서 제각기 마르둑(Marduk)[1]과 아슈르

(Ashur)에게로 옮겨가고, 대기의 신이요 지혜의 신인 엔키의 이름은 에아(Ea)로, 그리고 그의 배우자인 닌후르삭은 담키나(Damkina)로 이름이 바뀐다. 그런가 하면 달신인 난나는 신(Sin)으로, 태양신 우투는 샤마쉬(Shamash)로, 전쟁과 풍요의 여신 이난나는 이슈타르(Ishtar)로 제각기 이름이 바뀐다. 앞의 두 신인 마르둑·아슈르와 에아가 우주적인 신들이라면, 신과 샤마쉬 및 이슈타르 등은 천체 신들이라 할 수 있다.

이 외에도 자연 현상과 관련된 신들이 있다. 뇌우의 신인 아닷(Adad), 폭풍우와 전쟁과 사냥의 신인 닌우르타(Ninurta), 질병의 신이요 지하 세계의 신인 네르갈(Nergal) 등이 그렇다. 아닷은 서부 셈족이 최고신으로 섬기던 하닷(Hadad)과 동일한 신이고, 닌우르타는 수메르의 닌기르수(Ningirsu)에 해당하는 신이다. 그리고 네르갈은 온갖 질병을 주관하는 신이요, 지하 세계와 죽음의 영역을 주관하는 신이다. 자연 현상과 관련이 없지만 알아둘 필요가 있는 또 하나의 신은 서부 셈족의 신 다간(Dagan)이다. 곡물 생장을 주관하는 다간은 풍요의 신으로서, 기원전 2500~1700년 사이에 북서 메소포타미아 지역, 곧 유프라테스 강의 중류에 자리하였던 마리(Mari) 왕국의 국가 신(national god)으로 숭배되었다. 이들과는 별도로 거룩한 결혼의 주인공인 두무지는 탐무즈(Tammuz)로 이름이 바뀌며, 이슈타르 여신의 남편으로 나타난다.

주요 신화들

악카드 왕국은 수메르의 종교적인 유산들을 거의 그대로 물려받았는데, 이 점은 신화의 경우도 예외는 아니다. 물론 신화의 중심 주제는 크게 다를 바가 없었지만, 신화의 내용이나 소재는 한층 다양하게 발전하였다. 여기서는 수메르 신화보다 한층 발전되거나 새롭게 만들어진 신화들만을 다루고자 한다. 그 가장 대표적인 것이 창조 신화와 홍수 신화이다. 전자는 '에누마 엘리쉬'(Enuma Elish)라 불리며, 후자는 '길가메쉬 서사시'에 포함되어 있다.

먼저 창조 신화를 보도록 하자. 대표적인 창조 신화인 에누마 엘리쉬는 앗수르바니팔(Asshurbanipal, 668~630) 왕의 궁중 도서관에서 발견된 일곱 개의 토판 문서로서, 아무 것도 창조되기 전의 상태를 원시 대양인 압수(Apsu)와 티아맛(Tiamat) 부부 및 이들 사이에서 태어난 아들 뭄무(Mummu, 수증기 또는 안개)에 대한 이야기로 시작한다.

압수와 티아맛은 계속해서 자식들(신들)을 낳는다. 그러던 어느 날 압수는 자녀 신들의 번식과 그들로 인한 소음에 격분한 나머지 그들을 멸하기로 결심한다. 이를 알게 된 지혜의 신 에아는 주문을 외워 압수를 깊은 잠에 빠지게 한 후 그를 죽인다. 이어 자신의 신전을 건축한 그는 아내 담키나와 결합하여 폭풍우의 신 마르둑을 생산한다. 남편을 잃고 상심하던 티아맛은 킹구(Kingu)의 자극을 받아 복수를 결심하고, 에아와

에누마 엘리쉬가 기록되어 있는 점토판

대적하기 위해 킹구를 남편 및 군대 장관으로 삼고서 남편의 죽음을 동정하는 신들의 무리를 소집한다.

양대 세력의 싸움에서 처음에는 에아가 패배하지만, 마르둑이 싸움을 자청하고 나서자 사정이 달라진다. 다른 신들로부터 최고신의 권세와 전 우주에 대한 왕권을 부여받은 마르둑은 티아맛과 싸움을 벌인 끝에 승리를 거두고, 그를 죽인 후 그의 몸을 양분하여 상반신으로는 하늘을, 하반신으로는 땅을 만든다. 그 후 계속해서 마르둑은 해와 달과 별들을 만들고, 티아맛 편에 가담한 신들에게 중노동을 시킨다. 그러나 중노동에 시달린 신들이 그들의 고통을 하소연하자, 마르둑은 그들의 짐을 덜고 그들을 섬기게 할 목적으로, 킹구를 죽여 그의 몸에서 흘러나온 피를 흙과 혼합하여 인간을 창조한다.

이상의 내용으로 이루어진 에누마 엘리쉬는 흥미롭게도 우주 만물의 기원과 그 형성에 관한 우주론적인 관심사에서 생겨난 것이 아니라, 함무라비 대왕의 정치적 부상(浮上)으로 인한 새로운 세계 질서의 형성을 신화적인 용어로써 해설하려는 시도에서 비롯된 신화이다. 즉, 일개 지방신에 불과하던 마르둑이 어떻게 하여 바빌론 만신전의 최고신으로 승격되었는가에 대한 우주론적인 설명이 이 신화의 주요 관심사인 것이다. 특히 이 신화는 티그리스, 유프라테스 강의 연례적인 범람으로 인한 세계 질서의 위기 및 생존의 위협을 중심 소재로 하여, 마르둑이 태초의 혼돈(chaos)을 상징하는 원시 바다의 세력을 정복함으로써 창조신으로 부상하고 있음을 보여 주고 있다.

홍수와 관련된 신화는 길가메쉬 서사시에 포함되어 있다. 이 작품 역시 앗수르바니팔 왕의 도서관에서 발굴된 12개 토판의 서사시로서, 그 11번째 토판에 홍수 이야기가 실려 있다. 이 서사시의 주인공 길가메쉬는 무한한 지혜와 지식을 가진 자로서, 수메르 만신전의 최고신인 아누와 그의 딸 이슈타르 여신에게 신전을 지어 봉헌한 우룩의 왕으로 나타난다. 그러나 그의 무절제한 욕망과 정치적인 억압은 신들로 하여금 그를 상대할 엔키두(Enkidu)를 창조하게 만든다. 그러나 길가메쉬는 엔키두와 싸워 이긴 후 도리어 그와 친구 관계를 맺고서는, 삼목숲을 지키는 훔바바(Humbaba)라는 괴물을 대적하러 위험한 여행을 떠난다. 태양신 샤마쉬의 도움을 받아 훔바바를 처치한 그들은 우룩으로 돌아온다.

한편, 이슈타르 여신의 구혼을 거절한 길가메쉬는 그녀가 앙심을 품고서 보낸 하늘 황소를 엔키두와 함께 격퇴하지만, 이 때문에 엔키두는 신들의 결정에 의하여 생명을 잃게 된다.

엔키두(오른쪽)와 함께 괴물 훔바바(중앙)를 처치하는 길가메쉬(왼쪽)

그의 죽음에 충격을 받은 길가메쉬는 죽음의 공포에 사로잡힌 나머지 영생불사를 얻기 위한 여행을 떠난다. 우여곡절 끝에 홍수의 주인공 우트나피슈팀(Utnapishtim)을 만난 길가메쉬는 그로부터 영생을 얻게 된 경위, 곧 홍수에 관한 이야기를 듣는다. 홍수 이야기를 끝낸 우트나피슈팀은 그에게 엿새 동안 잠을 자지 않으면 영생을 얻을 수 있다고 하나, 그는 피곤을 견디지 못한 채 엿새 동안 줄곧 잠에 빠진다. 실의에 빠진 그는 우트나피슈팀에게 다른 방도가 없는가를 묻는다.

이에 우트나피슈팀은 그에게 생명의 풀을 얻는 방법을 가르쳐주고, 길가메쉬는 그 가르침을 따라 생명의 풀을 얻는다. 그것을 가지고 고향으로 돌아가던 길가메쉬는 생명의 풀을 연못가에 둔 채로 목욕을 하다가 뱀에게 그것을 빼앗기고 만다. 영생을 얻으려는 모든 시도에 실패한 그는 눈물을 머금고 고향인 우룩으로 돌아가는데, 이러한 결말은 길가메쉬 같은 영웅도 결국은 영생을 얻지 못한다는 것으로 인간의 필멸성을 인정하고 있는 셈이다. 흥미로운 것은, 그의 영생 획득을 방해

한 마지막의 장애물이 다름 아닌 뱀이었다는 사실이다. 이는 창세기 3장의 뱀을 연상시킨다. 생명의 풀에 관한 이야기도 에덴동산의 생명나무와 평행을 이루고 있다.

이 외에도 '아다파(Adapa) 신화'라는 유명한 작품이 있다. 이 신화의 내용은 이렇다. 에아 신의 제사장인 아다파가 어느 날 고기잡이를 나갔다가 남풍(南風)의 날개를 꺾자, 아누 신이 진노하여 그를 심판키로 한다. 이에 에아는 아다파에게 아누 앞에서 지켜야 할 여러 가지 수칙들을 가르쳐주면서, 아누가 죽음의 떡을 주면 먹지 말고 죽음의 물을 주면 마시지 말되, 의복을 주면 입고 기름을 주면 몸에 바르라고 지시한다. 심판 자리에 선 아다파는 아누의 여러 가지 질문에 에아가 가르쳐 준 대로 대답을 한다. 아누는 에아가 그 모든 대답을 가르쳐준 것을 알고서 아다파에게 생명의 떡과 생명의 물을 준다. 아다파는 에아가 하라는 대로 다 행하지만 그것으로 인해 결국 아다파는 영생을 얻지 못하고 만다. 이 역시 인간의 필멸성을 강조하는 작품임이 분명하다.

제의와 왕정

주지하는 바와 같이 제의의 목적은 신들의 거주지라 할 수 있는 신전에서 신들 - 더 정확하게는 신상들 - 에게 음식을 제공하고 그로써 행복을 보장받는 데에 있다. 실제로 바빌론·앗수르의 신들은 하루에 두 차례씩 음식 제공을 받았는데, 아침

에는 주식을, 그리고 저녁에는 부식을 공급받았다. 모든 종류의 음식과 음료수가 제공되었으며, 항상 향을 피웠다. 그리고 음료수는 신상 앞에 붓게 되어 있었으며, 희생 짐승의 피도 신상 앞에 쏟았다. 제물로 바쳐지는 짐승은 인간에게 임할 신의 진노를 대신 받음으로써 속죄의 효과가 이루어지게 했지만, 이스라엘에서와 같이 제물을 불사르는 법은 없었다.

셈족 문화권에서는 특별한 희생 제물과 특별한 의식을 필요로 하는 날들이 있었다. 7, 14, 19, 21, 28일 등이 그러했다. 7일 단위의 이 날들은 좋지 않은 날, 불길한 날들로 여겨졌다. 그리고 매월 초하루인 1일과 만월인 15일은 특별한 축제날의 성격을 가지고 있었다. 그러나 아무래도 셈족 사람들에게 있어서 가장 중요한 의미를 갖는 제의 행사는 일종의 신년 축제인 아키투(Akitu) 축제였다. 춘분인 니산(Nisan)월의 첫 11일 동안 거행된 이 축제의 백미는 넷째 날에 있었다. 이 날에 그들은 창조 신화인 '에누마 엘리쉬'를 낭송하고 극화(劇化)하였는데, 이 제의 드라마(cultic drama)에서 왕은 마르둑의 역할을 수행하였다. 그는 오두막으로 들어가 여신을 상징하는 왕후나 여사제 또는 신전 창기와 성관계를 맺는 의식을 행하였다.

이러한 의식은 수메르 종교에서 거행되던 두무지와 이난나의 거룩한 결혼 의식을 그대로 계승한 것이었다. 이와는 별도로 탐무즈와 이슈타르 사이의 성관계를 재현하는 의식이 왕실에서, 그리고 나중에는 일반 백성들 사이에서 널리 행해졌다는 것도 같은 맥락에서 이해할 수 있다. 물론 그것은 한편으로는 신전에서의 성행위를 통해서 다산과 풍요를 약속받으려는 풍요 제의의 한 중요한 특성을 보여주는 것이지만, 다른 한편으로는 왕과 왕후 사이의 성관계를 통해서 왕조와 국가의 연속성을 확보하려는 목적도 가지고 있었던 것으로 보인다.

그리고 마지막으로 탐무즈의 죽음과 부활을 기념하는 의식도 셈족 문화권에서 널리 행해졌다. 이 의식은 수메르의 경우와 마찬가지로 탐무즈의 죽음에 대한 연례적인 애도 의식을 포함하고 있었다. 그의 죽음은 메소포타미아 지역에서 풍요의 계절인 봄이 지나 뜨겁고 메마른 여름이 시작됨을 뜻했다. 따라서 당연히 그의 죽음을 애도하는 의식이 행해지는 시기는 건조한 여름의 열기로 인하여 식물의 성장이 중지되는 때일 수밖에 없었다. 그리고 그의 배우자인 여신이 그의 몸을 찾기 위해 지하 세계로 내려가는 것은 곡물 창고의 음식 공급 감소와 불안정한 삶의 연속을 의미했다. 반면에 그가 다시 살아나서 지상 세계로 복귀한다는 것은 그처럼 불안정한 삶이 끝나고 새로운 풍요가 시작됨을 뜻했다.

이처럼 중요한 제의 행사에서는 수메르의 경우처럼 왕의 역할이 매우 중요했다. 제사장 계층이 존재하기는 했지만, 국가와 민족 전체에 대하여 중요한 의미를 갖는 제의 행사에는 왕의 제의적인 기능이 큰 비중을 차지했던 것이다. 그럴 수밖에 없는 것이, 당시의 왕은 수메르 시대와 다르지 않게 신의 아들로 여겨지거나 신의 형상을 가진 자로 여겨졌을 뿐만 아니라, 신들 앞에서 백성을 대표하는 자요 신들의 목자로서 백성을 잘 다스려야 하고 정의가 땅에 가득하게 해야 하는 막중한 책임을 지고 있었기 때문이다.

신탁과 점술 그리고 주술

 신들에게 희생 제사를 드리고 또 축제에 참여함으로써 신들의 호의를 바라는 것은 신들을 섬기는 매우 중요한 방법임과 동시에, 사람들의 일상적인 삶을 안전하게 하는 보증 수표와도 같은 것이었다. 그러나 이에 못지않게 중요했던 것은 신들의 뜻을 바로 알고 그 뜻에 맞게 사는 것이었다. 신들의 분노를 일으키는 행동들 또는 신들의 은총을 받는 행동들의 목록을 보면 신들의 뜻이 공동체, 특히 가정과 친구들 사이의 규범을 중시하였음을 알 수 있다. 이를테면 정직한 말이나 중상모략하는 말의 금지, 거래상의 정직성 요구, 지계석(地界石) 이동의 금지, 가난한 자에 대한 구제 권장, 가정의 화합과 조화 중시, 행위의 의도나 목적의 정직성 요구 등이 그러하다. 이 목록은 제의적, 사회적, 도덕적 위반 행위 사이에 구별이 없음을 분명하게 보여 준다. 모든 위반 행위가 똑같이 신들의 분노를 사는 것으로 이해되었던 것이다.

 그러나 신들의 뜻은 일상생활 속에서의 윤리적인 의무 이행으로 끝나는 것이 아니다. 수메르의 경우에 살핀 바와 같이, 신들의 신비롭고 초월적인 뜻은 신탁 선포를 통해서 사람들에게 전달되는 경우가 많았다. 현재 남아 있는 자료들을 보면,

신탁 메시지는 주로 제의를 매개로 하여 신전에서 전달되었다. 그리고 거의 대부분의 신탁 메시지는 왕이 경험하는 국내외의 중요한 문제들에 대한 신들의 뜻을 포함하고 있었다. 따라서 신탁 선포는 왕이 겪는 여러 가지 상황과 관련하여 왕에게 확신과 평안을 심어주거나, 왕의 잘못을 꾸짖는 형태로 이루어졌다. 왕이 자신의 의무를 잘 이행했을 경우에는 호의적인 메시지가 전해졌지만, 왕이 자신의 의무를 잘 이행하지 못했을 때에는 진노와 심판의 메시지가 전해졌던 것이다.

신탁 선포가 이처럼 주로 왕들에게 신들의 뜻이 전해지는 방식을 취하고 있다면, 점술처럼 백성 개개인에게 신들의 뜻이 전해지는 방법도 널리 행해졌다. 점술은 수메르 시대에도 있었지만, 그것의 체계화 작업은 바빌론과 앗수르 시대에 가서야 이루어졌다. 수메르의 종교에서 언급한 다양한 점술 방법들2)이 바빌론·앗수르 시대에 가서야 비로소 체계적으로 개발·정리된 것이다. 제사장들을 비롯한 점술 전문가들에 의해 수행된 그 다양한 점술 방법들은 대부분이 인과율을 기본 특징으로 가지고 있었으며, 과거에 발생한 일들을 가지고서 미래의 일들을 예견할 수 있다고 보았다. 이것은 역사가 되풀이 된다는 생각이 그들에게 있었음을 의미한다. 실제로 그들 전문가들이 집대성한 각종 징조 문헌들을 보면, 그들이 철저하게 인과율에 기초하여 동식물계의 움직임과 천체의 변화를 정리하였음을 알 수 있다.

주술의 경우는 어떠한가? 셈족 사람들에게 있어서 주술은 인간의 삶이 끊임없이 악한 세력들이나 귀신들의 위협을 받아 질병과 고통에 시달리고 있다는 생각에서 비롯된 것이었다. 따라서 그들은 그러한 위협을 물리치기 위하여 신들의 힘이 담긴 부적을 사용하거나 신들의 초월적인 힘을 불러오는 각종 주술 의식을 행하였다. 주술 의식은 주술을 전문적으로 행하는 제사장이나 주술가에 의해 집행되었다. 그들이 남긴 것으로 보이는 많은 주술 교재들을 보면, 당시에 일반 대중이 얼마나 주술에 깊이 빠져 있었는지를 알 수 있다.

죽음과 사후 세계

악카드 왕국과 바빌론·앗수르 제국의 사람들은 수메르 사람들과 마찬가지로 죽음을 필연적인 것으로 받아들였다. 그들이 볼 때 죽음은 절대적인 당위이고 필연이었던 것이다. 이를 가장 잘 보여 주는 것이 앞서 살핀 바 있는 '길가메쉬 서사시'와 '아다파 신화'이다. 길가메쉬 서사시의 주인공 길가메쉬는 죽음이라는 운명으로부터 벗어나려는 인간 본연의 욕구를 적나라하게 반영하고 있는 인물이라 할 수 있다. 그는 엔키두의 죽음에 충격을 받고서 영생을 얻기 위한 여행을 떠나 홍수의 주인공 우트나피슈팀을 만나지만, 그가 제안한 두 가지의 것을 지키지 못한 채 결국은 죽음이라는 엄연한 현실에 굴복하고 만다. 그는 죽음의 동반자라고도 할 수 있는 잠을 이겨내지 못했을 뿐만 아니라, 영생을 가능하게 하는 생명의 풀마저도 뱀에게 빼앗기고 말았던 것이다.

 길가메쉬 같은 영웅도 영생을 얻지 못하는데, 하물며 힘없는 일반 대중은 어떠하겠는가! 반(半) 신적인 존재인 우트나피슈팀이라면 모를까, 땅 위에 발붙이고 사는 인간이라면 어느 누구든 예외 없이 죽음의 굴레로부터 벗어나지 못한다는 것이 길가메쉬 서사시의 마지막 결론인 셈이다. 이러한 결론은 아다파 신화에서도 똑같이 발견된다. 에아 신의 제사장 아다파가 생명의 떡과 생명의 물을 거절함으로 인하여 결국에는 영생의 길을 놓치게 된다는 내용이 그렇다. 이 신화는 길가메쉬 서사시와 마찬가지로 영생을 얻고자 하는 바빌론·앗수르 사람들의 존재론적인 갈증을 대변하는 작품에 다름 아니다.

 죽음에 대한 생각이 이런 터에 그들이 죽음을 긍정적인 것으로 볼 까닭이 없다. 그들이 보기에는 일단 죽으면 모든 것이 끝이다. 죽은 자들이 가게 되는 지하 세계는 어느 누구도 돌아올 수 없는 망각의 땅이요, 먼지와 흙을 먹고 살아야만 하는 어둠의 땅이다. 죽은 자들은 지하 세계에 내려가 그곳을 주관하는 신들 앞에서 재판을 받는다. 사후(死後) 심판을 통하여 선인과 악인이 구분되기야 하겠지만, 죽은 자의 부활은 전혀 기대할 수 없는 것이다. 그것은 단지 탐무즈처럼 풍요를 제공하는 신에게만 허용될 뿐이다. 아울러 그것은 왕이 주도적인 역할을 수행하는 신년 축제의 죽음-부활 제의에서나 상징적으로 재현될 뿐이지, 인간에게 경험될 수 있는 현실로 다가오는 것이 결코 아니다.

태양신의 나라 이집트

메소포타미아 문명에 비견되는 찬란한 고대 문명을 창건한 이집트 지역은 나일 강 주변의 풍요로운 검은 땅과 붉은 사막 지역으로 나누어진다. 면적으로 따진다면, 이집트 땅의 95% 이상은 사람의 생존을 불가능하게 하는 황량한 사막이고, 나머지 5% 정도만이 사람이 살고 농작물을 수확할 수 있는 비옥한 땅이다. 이러한 지리적인 특성은 나일 강 주변의 좁은 땅에 대부분의 인구가 모여 살게 만들었고, 그것은 이집트인들의 내적인 결속을 강화시켜줌과 아울러 이집트의 문명화 내지는 도시화를 촉진시켰다. 이집트는 그야말로 '나일 강의 선물'이나 다름이 없는 나라였다.

이집트는 나일 삼각주(Delta)를 중심으로 하는 하부 이집트

(Lower Egypt)와 나일 강 상류에 속한 상부 이집트(Upper Egypt)로 나뉜다. 남쪽의 상부 이집트에서는 사람들이 비옥한 땅에 살면서 주변의 사막에 죽은 자를 매장하거나 신전을 건축하는 일이 많았다. 따라서 실생활에 관한 자료는 남아 있는 것이 적지만 석조물로 된 장례 자료나 신전 자료는 매우 많이 남아 있다. 사실 우리가 이집트에 관하여 가지고 있는 자료들의 대부분은 상부 이집트에서 나온 것이다. 반면에 북쪽에 있는 하부 이집트의 자료들은 그곳이 상대적으로 습한 지역이어서인지 남아 있는 역사 자료들이 그렇게 많지 않다.

이집트의 또 다른 지리적인 특징은 그곳이 지형적으로 고립되어 있다는 데에 있다. 나일 계곡은 내륙 지방으로의 연결을 막는 방패 역할을 수행하였고, 지중해는 해양 지방으로의 연결을 어렵게 만들었다. 이로 인하여 이집트는 이민족의 침략에 대해 비교적 안전했다. 간헐적으로 이민족이 쳐들어오기는 했지만 크게 염려할 것은 못 되었다. 이집트의 이러한 지리적 고립성과 안정성은 이집트가 수천 년 동안 자신의 역사를 잃지 않고서 지켜올 수 있었던 가장 큰 요인으로 작용했다. 또한 그것은 이집트인들로 하여금 일찍부터 삶(이생과 내생)에 대한 낙관주의를 갖게 하였으며, 우주와 세계의 질서에 대한 폭넓은 확신을 갖게 만들었다. 이집트인들의 생존을 가능하게 한 나일 강의 주기적인 범람(여름철) 역시 이집트인들의 낙관주의 내지는 내적인 확신에 적지 않게 기여하였다.

그러나 반대로 이집트의 지리적인 고립성은 그들로 하여금 이민족에 대하여 지나치게 배타적이고 폐쇄적인 태도를 갖게 하였다. 주변 나라들과의 물물 교역과 문화 교류가 전혀 없었던 것은 아니지만, 그럼에도 불구하고 그들은 자기들이 가진 문화가 최고라는 생각에서 이민족을 개화되지 못한 야만인으로 취급하였으며, 때로는 국경을 넘어 주변 나라들을 침공함으로써 자기들의 문화적인 우월감과 민족적인 자부심을 과시하였다. 팔레스타인 지역이 오랜 세월 동안 이집트의 지배를 받은 것은 이러한 맥락에서 이해할 수 있다.

이집트의 역사와 종교

이집트는 그 오랜 역사를 처음부터 끝까지 완전하게 정리한 표준적인 역사 문헌을 가지고 있지 않다. 모든 것이 단지 부분적으로만 남아 있을 뿐이다. 현재 남아 있는 각종 문헌들과 자료들을 통하여 재구성한 이집트 역사는 대체적으로 왕조 이전 단계, 초기 왕조 시대 또는 태고 시대(1~2왕조), 고왕국 시대(3~8왕조), 제1중간기(9~10왕조), 중왕국 시대(11~12왕조), 제2중간기(13~17왕조), 신왕국 시대(18~20왕조), 제3중간기(21~25왕조), 후기 시대(26~31왕조), 그리스-로마 시대(332년 이후) 등으로 나뉜다.

역사 이전 단계에서 역사 시대(왕조 시대)로 넘어가는 태고 시대는 이집트의 첫 파라오인 메네스(Menes)가 상부 이집트와 하부 이집트를 통일한 기원전 3000년경인 것으로 알려져 있다. 그는 두 지역을 통일한 후에 그 접점 부근에 있는 멤피스(Memphis)를 수도로 정하였는데, 이 시기에는 특징적이게도 왕을 신과 동일시하는 태도나 우주적인 질서와 조화 내지는 정의를 뜻하는 마아트(maat) 개념이 정립되었다.

그러다가 고왕국 시대 초기의 제3왕조에 이르러서 이집트는 다른 지역들과 확연하게 구별되는 그들 나름의 독특한 문화 형태를 만들기 시작했다. 이때부터 왕족과 귀족의 무덤에 돌이 본격적으로 사용되기 시작했고, 제4왕조에 이르러서는 피라미드를 중심으로 한 매우 이집트적인 문화가 생겨났던 것이다. 그리고 제5왕조 말기의 피라미드에서부터는 판독 가능한 각종 문헌들이 발굴되기 시작했다. 이른바 피라미드 문서가 그것이다.

고왕국 시대는 첫 번째 혼란기인 제1중간기를 거쳐 테베(Thebes)[3]를 수도로 하는 중왕국 시대로 나아간다. 당시의 이집트 세계 전체를 평정한 테베는 자기들의 신 아몬(Amon)을 최고신으로 옹립하고서, 카르낙(Karnak)에 그를 위한 대신전을 건축한다. 그러나 중왕국은 오래 가지 못하였다. 지역 군주들의 독립성을 인정하는 봉건 체제는 내적인 경쟁을 심화시켰고, 그것은 결국 왕권의 약화를 불러일으켰다. 내적인 불안 상황은 말과 전차를 앞세운 힉소스족(Hyksos)의 침략으로 이어지면서, 두 번째 혼란기인 제2중간기를 초래한다.

혼돈과 폭풍우의 신 세트(Seth)를 최고신으로 섬기던 힉소스족의 제2중간기는 제18왕조의 아모세 1세(Ahmose I)에 의해 끝나면서 다시금 이집트인들 자신의 왕조가 시작된다. 테베를 수도로 하는 신왕국 시대가 열린 것이다. 그런데 제18왕조 말기의 아멘호텝 4세(Amen-hotep IV)는 수도를 지금의 아마르나(Tell el-Amarna)로 옮긴 후에, 태양 원반(sun disk)을 상징하는 아톤(Aton)을 유일한 최고신으로 옹립하는 한편으로, 자기 이름을 아톤 신의 이름을 따라 아켄아톤(Akhen-aton)으로 고치는 일대 종교개혁을 일으킨다.

그러나 그의 내정(內政) 소홀과 지나친 종교 중심주의는 이집트의 대외 경쟁력을 약화시켰고, 그 결과 그의 열렬한 아톤 숭배는 마침내 그가 죽은 후에 수도가 다시 테베로 바뀌면서 서서히 역사의 무대에서 사라진다. 아켄아톤에 의해 약화된 제18왕조는 타니스를 수도로 하는 제19왕조로 바뀌면서 남부 지방의 신들인 토트(Thoth)[4]와 아몬 대신에 북부 지방의 신들인 레와 세트 및 프타 등이 왕의 이름에 자주 등장한다. 그러나 19왕조 이후 이집트는 아시아 나라들에 대한 지배권을 상실하면서 나일 계곡을 중심으로 한 평범한 나라로 전락하고 만다.

이집트의 최고신들

이집트인들의 신화에 반영되어 있는 신들의 세계는 지역에 따라, 그리고 왕조에 따라 조금씩 차이가 난다. 다수의 하급 신들을 제외하고서 각 지역과 왕조의 최고신들에 국한시켜 설명하자면, 이집트 역사에 등장하는 이집트 만신전의 최고신은 지역에 따라 크게 넷으로 나누어진다. 헬리오폴리스의 레(Re)와 멤피스의 프타(Ptah), 테베의 아몬(Amon), 아마르나의 아톤(Aton) 등이 그러하다.

헬리오폴리스[5]의 태양신 레는 가장 오랜 기간 동안 이집트인들의 폭넓은 사랑을 받은 신이었다. 왜 그러한가? 이집트인들은 날마다 정해진 길을 따라 여행하는 태양이야말로 새로운 생명을 가능하게 하는 힘이요, 출생과 재탄생을 상징하는 것이라고 믿었다. 태양에 대한 이러한 생각은 왕조 이전 시대부터 태양을 신적인 존재로 믿게 했으며, 태양신 레를 우주 만물을 창조한 신으로, 그리고 신들의 왕으로 섬기게 했다.

그런가 하면 멤피스 지역의 만신전은 프타를 최고신으로 간주한다. 멤피스에서 발견된 한 중요한 신학 문헌은 멤피스가 왕조 초기에 이집트의 수도가 된 것을 신학적으로 정당화하는 동시에, 프타 신이 자신의 마음(생각)과 혀(말)로써 우주 만물을 창조했다는 놀라운 내용을 기록하고 있다. 이 점에서 멤피스의 창조 신학은 다분히 물질적인 용어를 사용하는 다른 지역의 창조 신화들과 큰 대조를 이룬다.

태양신 레와 프타 다음으로 주목을 끄는 신은 공기 내지는 대기의 신인 아몬이다. 아몬은 중왕국의 테베 왕조에 의해 최고신으로 부상(浮上)한 신인데, 카르낙에 있는 그의 대신전은 그가 당시에 얼마나 큰 위세를 누리고 있었는가를 한눈에 알게 한다. 테베 왕조는 나중에 아몬을 아몬-레(Amon-Re)라고 부름으로써 헬리오폴리스의 태양신 숭배를 아몬 숭배에 동화

시킨다.

네 번째로 주목할 이집트의 최고신은 아멘호텝 4세에 의해 절대 유일신의 자리에 오른 아톤이다. 아멘호텝 4세는 아톤을 이집트의 유일한 최고신으로 옹립하는 한편, 테베 왕조의 최고신 아몬과 사후 세계를 주관하는 오시리스(Osiris)를 배제하고 레의 기능을 아톤에게 결합시켰다. 그러나 그는 아톤 외의 다른 신들을 용납하지 않으려는 태도를 취함으로써 이집트인들의 오랜 공감을 얻지 못하여, 그가 죽은 후에는 아톤 숭배가 단절되는 수모를 겪는다.

최고신의 범주에는 들어가지 않지만 이집트 종교에서 적지 않은 비중을 차지하는 신들이 있다. 초목(vegetation)의 신 오시리스와 그의 배우자 이시스(Isis) 및 이들 사이에서 태어난 독수리 신 호루스 등이 그러하다. 헬리오폴리스의 또 다른 창조신 아툼(Atum)[6]의 후손으로 알려진 오시리스는 세트에게 죽임을 당하나, 이시스와 호루스의 도움으로 다시 살아나 지하계의 왕으로, 그리고 죽은 자들의 심판을 주관하는 신으로 자리를 옮기고, 지상에서는 아들 호루스가 그의 자리를 계승한다. 이집트인들은 죽은 파라오를 오시리스와 동일시하였으며, 왕위를 계승한 그의 아들은 호루스와 동일시하였다.

주요 신화들

이집트의 신화들 중에서 가장 중요한 의미를 갖는 것은, 다른 지역에서와 마찬가지로 창조와 관련된 신화이다. 이집트의 창조신화는 지역에 따라 조금씩 다르게 나타나는데, 여기서는 헬리오폴리스, 멤피스, 헤르모폴리스(Hermopolis), 테베 등의 순서로 창조 신화들을 취급하기로 한다.

헬리오폴리스의 창조 신화는 태양신 아툼을 주인공으로 하는 것으로서, 현재 두 개의 상이한 본문들이 전해지고 있다.[7] 그 하나는 '사자(死者)의 서(書)'(The Book of the Dead) 제17장에서 발췌한 것으로, 우주 만물이 아툼에 의해서 창조되었다고 보지만 그가 어떻게 만물을 창조했는지는 설명하지 않는다. 아툼의 여덟 신 창조에 대해서 말하는 또 다른 창조신화(The Creation by Atum)에 의하면, 그는 태고의 바다(Nun: 나일강)에서 솟아난 태고의 언덕(primeval hill)에서 여신의 도움 없이 자체 수정 방식으로 공기의 신 슈(Shu)와 그의 배우자인 습기의 신 테프눗(Tefnut)을 창조한다. 이어서 슈와 테프눗은 땅의 신 겝(Geb)과 하늘의 여신 누트(Nut)를 탄생시키며, 겝과 누트는 다시금 지하계의 신인 오시리스와 그의 배우자인 이시스 및 세트와 그의 배우자인 네프티스(Nephthys) 등을 낳는다.

다음으로 멤피스의 창조 신화는 다른 지역과는 대조적으로 우주 창조에 관한 그 나름의 철학적인 체계를 가지고 있다. '멤피스 신학'(The Theology of Memphis)이라는 이름의 창조 신화에 의하면, 멤피스의 제사장들은 자기들이 섬기는 최고신 프타야말로 아툼의 아버지요 아툼 자신이라는 주장을 내세운다. 이어서 이 신화는 최고신 프타가 그의 마음속에 있는 생각과 혀에서 나오는 말로써 여덟 신들을 포함한 우주 만물을 창조했다고 설명한다. 이러한 창조 개념은 고대 근동의 다른 지역들에서는 좀처럼 발견되지 않는 것으로서, 야웨가 우주 만물을 말씀으로 창조했다고 보는 창세기 1장의 창조신학과 크게 평행을 이룬다.

한편, 상부 이집트에 있는 헤르모폴리스의 창조 신화는 태고의 언덕에서 헬리오폴리스의 여덟 신들과 구별되는 또 다른 여덟 신들이 만들어진다고 본다. 태초의 혼돈을 상징하는 네 쌍의 대칭 신들이 태고의 언덕에서 태어난다는 얘기다(창세기 1:2 참조). 태고의 물을 상징하는 눈(Nun)과 그의 배우자 나우네트(Naunet), 태고의 무경계성(boundlessness) 또는 무정형성(formlessness)을 상징하는 후(Huh)와 그의 배우자 하우헤트(Hauhet), 어둠을 상징하는 쿠크(Kuk)와 그의 배우자 카우케트(Kauket), 인지 불능(imperceptibility)을 상징하는 아문(Amun)과 그의 배우자 아마우네트(Amaunet) 등이 그러하다.

헤르모폴리스의 이러한 창조신화는 같은 상부 이집트에 있는 테베의 창조신화에 깊은 영향을 준다. 테베의 최고신 아몬은 비교적 늦게 이집트 만신전에 등장한 까닭에 기존의 창조신들과 관련된 내용들을 흡수할 수 있었다. 테베의 제사장들은 태양신 레를 아몬의 눈[眼]으로 봄으로써 아몬과 레를 동일시하며, 또한 아몬을 토트나 호루스와도 동일시한다. 테베의 창조신화에 의하면, 우주 만물을 창조한 최고신 아몬은 헬리오폴리스의 여덟 신들을 만든 동시에 헤르모폴리스의 여덟 신들까지도 창조한 신이다.

이상의 창조 신화들과는 별도로 오시리스 신의 죽음과 부활을 다루는 오시리스 신화가 있다. 이에 대해서는 아래의 제의 부분에서 상세하게 다룰 것이므로 다시 설명할 필요는 없을 것이다. 다만 홍수 신화에 관해서는 한 가지 지적할 사항이 있다. 그것은 곧 홍수 심판과 관련된 신화가 이집트에서 전혀 발견되지 않는다는 점이다. 그 이유는 나일 강의 연례적인 범람에서 찾을 수 있다. 메소포타미아 지역의 두 강이 매우 거칠고 불규칙한 범람으로 인하여 그곳 사람들에게 엄청난 피해를 입혔던 것과는 달리, 나일 강은 규칙적이고 주기적으로 범람함으로써 도리어 이집트 사람들에게 매우 큰 이익을 주었던 것이다. 나일 강의 이러한 순기능(順機能)은 홍수에 대한 두려움이나 홍수로 인한 심판을 다루는 홍수 신화의 기록을 불필요하게 만들었을 것이다.

신적인 존재로서의 왕

메소포타미아를 비롯한 셈족 문화권에서 왕은 일반적으로 절대 권력을 가진 존재로 이해되었다. 그는 신은 아니로되 신적인 권위를 가지고 나라를 다스리는, 이를테면 반(半) 신적인 존재(semi-god)였다. 그러나 이집트에서는 달랐다. 신의 형상으로, 그리고 파라오(Pharaoh)로 불리는 이집트의 왕들은 셈족 문화권과는 달리 신적인 존재로 여겨졌으며, 그 자신이 곧 신이었다. 셈족 문화권의 왕들이 신들을 위해 나라를 다스린 반면에, 이집트의 왕들은 신으로서 나라를 다스렸던 것이다.

언제부터인지는 확실하게 알 수 없으나 대체적으로 파라오는 고왕국 시대로부터 태양신의 화신(化身)으로, 그리고 태양신 레의 아들로 간주되어 왔다. 실제로 제4왕조 중반부터는 왕의 이름이 매우 자주 태양신 레와 결합하였으며, 왕권이 태양신에게 속해 있음을 강조하던 제5왕조 동안에는 왕의 이름 앞에 '태양신 레의 아들'이라는 칭호가 따라 붙었다.

이처럼 그 자신이 신인 파라오는 지상에서 신들을 대표하는 자임과 동시에 백성과 신들 사이의 유일한 중재자요 모든 신들의 제사장이기도 했다. 또한 그는 신들을 대표해서 국가의 기능을 떠맡아야 할 국가의 신이기도 했다. 따라서 그의 말은 모든 백성들을 강제할 수 있는 신들의 법이요 국가의 법이었다. 그래서인지 이집트에는 메소포타미아 지역에서 보는 것과 같은 성문(成文) 법전이 존재하지 않았다. 반란이나 혁명도 원천적으로 불가능했다. 왕에 대한 반역은 곧 신들에게 대한 반역이었고 신들이 세운 질서를 거역하는 것이나 다름이 없었기 때문이다.

그러나 파라오가 신적인 왕권을 가지고 있다고 해서 그 권력을 마음대로 행사할 수 있는 것은 아니었다. 그는 신과 인간의 합일을 구현하는 인물이었지만, 동시에 자연계와 사회 안에 있는 삶의 질서를 유지하고 계속적인 세계 보전을 보증하는 역할을 수행하였다. 달리 말해서 태양신 레가 창조 시에 확립시킨 우주적인 질서, 곧 마아트를 지상에 실현해야 할 책임을 지고 있었던 것이다.

왕의 이러한 책임은 그의 통치 기능이 선한 목자의 역할에 해당하는 것임을 의미했다. 그는 백성을 먹이는 목자로서, 이집트에 풍요를 가져다주고 이집트인들 모두에게 풍부한 양식을 제공해 주는 신이었다. 그는 또한 이집트를 만들고 외적에 맞서 이집트를 수호하며 풍요의 근원인 나일 강물을 통제하는 자로, 그리고 필요에 따라 비를 내림으로써 생명을 지탱해 주는 자로 여겨지기도 했다. 모든 자연의 번성 역시 파라오의 통치권에 의존하는 것으로 간주되었다.

파라오에게 있는 신적인 지위는 그가 살아 있을 때에만 적용된 것이 아니었다. 그는 죽고 난 다음에도 여전히 신으로서 존재했다. 제5왕국 말기부터 왕의 무덤에서 발견되는 피라미드 문서[8])에 의하면 죽은 왕은 지하계를 주관하는 신인 오시리스로, 그를 이어 왕위에 오르는 후임 왕은 오시리스의 아들인 호루스로 간주되었다. 이로써 분명해지는 것은, 그 출생에서부터 죽음 이후의 사후 세계에 이르기까지 파라오의 삶 전체가 하나의 신화적인 사건으로 이해되고 있다는 점이다.

제의와 축제

이집트 사람들이 일상적으로 드리는 제사는 신들의 거주지인 신전에서 제사장들의 집례하에 하루에 세 번(아침, 낮, 저녁) 드리는 것이 원칙이었다. 그중에서도 아침 제사와 저녁 제사가 중요한 의미를 가지고 있었다. 낮 제사에서는 단지 물을 뿌리고 향을 피움으로써 신전을 정결케 하는 일만을 행했을 뿐이지만, 아침 제사와 저녁 제사에서는 제사장들이 제사를 드리기에 앞서 목욕재계하고 신상 앞에 절을 한 다음에 음식물을 제공하는 순서를 진행하였다. 또한 신상을 꺼내어 옷을 벗기고 목욕시킨 후에 다시 옷을 입히고 치장하는 순서도 두 제사에 포함되어 있었다.

이집트 사람들이 어떠한 축제들을 지켰는지는 확정하기 어려우나, 새 수확물의 복을 기원하며 식물에 육화되어 있는 생명을 갱신하려는 수확 축제와, 파라오를 위해 새로운 신전을 봉헌하고 그가 이집트 땅의 합법적인 통치자임을 널리 공포하는 세드(Sed) 축제가 중요한 의미를 가졌던 것으로 보인다. 그러나 홍미롭게도 이집트에는 메소포타미아 지역에서 널리 행해지던 거룩한 결혼 의식이 제의 드라마 형식으로 재현되었을 것임을 나타내는 문헌상의 증거가 남아 있지 않다. 단지 오시리스 신의 죽음과 부활을 극화하는 오시리스 축제만이 증거로 남아 있을 뿐이다.

본래 나일 계곡에 처음으로 농경문화를 정착시킴으로써 지상 세계의 삶에 풍요를 가져다주는 초목과 농사의 신이었던 오시리스는 초목의 생장을 가능하게 하는 나일 강의 물과 동일시되기도 했다. 그는 왕조 이전 시대부터 델타 지역에서 숭배되어 오다가, 고왕국 시대 말기부터는 그보다 더 남쪽에 있던 아비도스(Abydos)에서 매우 활발하게 섬겨지게 되었으며, 중왕국 시대 이후부터는 지하계를 주관하는 신으로 여겨지기에 이르렀다.

오시리스의 삶과 행동, 고통, 죽음, 부활 등에 관하여 기록하고 있는 오시리스 신화에 의하면, 오시리스는 자기 동생인 세트에게 죽임을 당하나, 이시스와 네프티스의 도움에 힘입어 다시 살아나 지상 세계의 풍요를 회복시키는 한편, 지하계를 주관하는 신으로 자리를 옮긴다. 그리고 지상에서는 아들 호루스가 그의 자리를 계승한다.

이렇듯이 오시리스는 죽음과 부활을 통해서 지상 세계에 풍요와 안정을 가져다주는 신으로 널리 숭배되었다. 이집트인들은 신화와 제의의 세계 속에서 오시리스의 죽음과 부활에 참여함으로써, 죽음을 극복하고 지하계의 왕이 된 오시리스처럼 영원한 생명을 얻고자 했다. 죽었다가 다시 살아나는 오시리스의 삶은 메소포타미아의 두무지나 탐무즈처럼 자연계의 순환(초목의 소생)과 관련된 것으로 이해되었던 까닭에, 이집트인들은 자신을 오시리스와 동일시함으로써 죽었다가 살아나는 오시리스의 삶이 자신과 자신이 속한 공동체 안에 그와 동일한 갱신 효과를 불러일으키기를 기대했던 것이다.

신들의 뜻과 신탁 및 주문

현재 남아 있는 이집트 종교의 문헌들은 대부분이 파라오를 중심으로 하는 국가의 공식적인 문헌들이어서, 사적인 종교 문헌은 거의 없다고 보아야 옳을 것이다. 개인은 철저하게 집단에 예속되어 있다. 종교적인 경험은 따라서 국가의 공식적인 제의에 참여함으로써만 가능하다. 그렇다고 해서 개개인과 신들과의 관계가 전혀 없는 것은 아니다. 신들은 인간에게 생명과 행복, 은총 등을 주는 자요, 인간을 보호하고 그에게 모든 좋은 것들을 주는 자이다. 그래서인지 이집트인들은 자신을 신들의 종으로 표현함으로써, 자신의 삶이 철저하게 신들에 의존하고 있음을 강조한다.

그러나 개개인의 삶이 아무리 신들에게 의존하고 있다 해도, 신들의 뜻에 순종하는 사람이 있는가 하면 그렇지 못한 사람도 있게 마련이다. 물론 신들로부터 은총과 복을 받는 사람은 신들의 뜻에 순종하는 사람이다. 그렇다면 신들의 뜻은 무엇이며, 어떻게 알 수 있는가? 일반적으로 신들의 뜻은 각종 전기 문헌이나 지혜의 가르침 또는 '사자의 서' 등에 잘 나타나 있다.

무덤의 비문이나 기념비 또는 입상(立像) 등에 남아 있는 전기 자료들은 대체적으로 이웃에 대한 행동과 가진 자들의 사회적인 의무들을 강조하는 경향을 보인다. 주로 아버지가 아들에게 교훈하는 형식을 취하고 있는 다양한 지혜의 가르침들도 신들의 뜻을 포괄적으로 다루고 있다. 그중에서도 특히 중요한 것이 관리나 왕이 따라야 할 규범이다. 그 규범은 사실상 마아트, 곧 신들이 세워 놓은 세계와 공동체의 질서를 구체적으로 표현한 것이었다.

일종의 장례 문헌에 해당하는 '사자의 서'[9]에도 우회적이긴 하지만 신들의 뜻이 잘 정리되어 있다. 이 자료집의 제125장에 있는 '무죄의 고백'(negative confession)이 그렇다. 죽은 자들은 누구든 예외 없이 지하 세계로 내려가 오시리스와 42명의 심판관들 앞에서 자신의 무죄를 고백하는 바, 이 고백은 자신이 저지른 온갖 죄를 부정하는 것이라기보다는 윤리적인 이상 또는 신적인 질서인 마아트를 향한 고백이라 할 수 있다.

신들의 뜻에 관해 말하는 이상의 일반적인 자료들과는 별도로, 신들의 뜻이 신탁 메시지 형태로 제사장을 비롯한 특정인에게 주어지는 경우도 있었다. 이집트의 신탁 선포는 파라오의 질문에 답하거나 왕국의 미래에 관한 약속 내지는 경고를 포함하는 메시지가 주류를 이루었다. 또한 이집트에서는 질병이나 위험을 극복하기 위한 목적의 많은 주문(呪文)들이 일반인에게 이르기까지 폭넓게 사용되었다. 지하계에서 겪을지도 모르는 위험을 예방하기 위한 목적의 주문들도 널리 사용되었다.

죽음과 사후 세계

이집트에서는 장례에 관계된 자료들이 압도적으로 많다. 왜냐하면 실제 생활에 관한 자료들은 대부분이 비옥한 땅에 있어서 장기 보존이 어려워 남아 있는 것이 별로 없지만, 이집트인들이 사막 지역에 매장한 장례 관련 자료들은 마멸될 가능성이 적어 매우 많이 남아 있기 때문이다. 이집트인들이 죽음과 내세에 지나치게 많은 관심을 가지고 있다는 판단은 사실 이러한 특수 상황, 곧 자료 편중의 현실에 기초하고 있다.

그런데 특이하게도 이집트인들은 죽음을 정복 불가능한 것으로 수용하는 메소포타미아 사람들과는 달리, 죽음을 극복하고서 영생을 누릴 수 있다는 낙관주의 내지는 자기 확신을 매우 강하게 가지고 있었다. 그들은 인간의 삶이 무덤 속에서 끝나지 않고 변화된 모습으로 계속된다고 믿었던 까닭에, 아주 오랜 옛날부터 죽은 사람의 몸을 건조시켜 무덤 속에 매장하였다. 어느 정도 문명이 발달하면서부터는 이러한 매장법이 시신을 미라로 만들어 보존하는 방식으로 바뀌었다. 처음에는 왕과 귀족층의 시신만이 미라 보존 혜택을 입었지만, 고왕국 이후로는 그것이 널리 보급되기에 이르렀다.

특히 왕의 경우에는 그가 죽은 다음에 신들의 세계에 참여하여 우주적인 질서를 보전하는 일을 계속하는 것으로 이해되었다. 처음에는 왕만이 지하계의 왕인 오시리스와 동일시되었으나, 고왕국이 무너지면서 일반인들 역시 오시리스 호칭을 갖게 된다. 왕을 위한 장례 문헌인 피라미드 문서도 이제는 일반 대중에게 폭넓게 사용되며, 관의 내부에 주문을 써넣거나 '사자의 서'와 같은 파피루스 두루마리에 주문을 기록하는 방식도 대중화되었다.

이집트인들은 또한 죽은 자들이 지하계에 내려가면 그곳의 신들에게 재판을 받는 것으로 이해하였다. '사자의 서'의 대표적인 사본인 '아니의 파피루스'(Papyrus of Ani) 제125장에 의하면, 이집트인들은 죽은 후에 42명의 신들 앞에서 재판을 받는데, 그 재판은 죽은 자의 심장(마음)과 깃털(마아트)을 나란히 저울에 매다는 방식으로 이루어졌다. 인간의 마음이야말로 그의 존재와 삶을 규정하는 가장 중요한 것이라고 믿었기 때문이다. 마음과 마아트를 저울질하는 작업은 죽은 자들의 의사인 아누비스(Anubis)가 했으며, 그 결과는 신들의 서기관인 토트(Thoth)가 기록하는 것으로 이해되었다.

또 한 가지 특이한 것은 이집트 사람들이 죽은 자들에게 도움을 주기 위해 일종의 내세 안내서를 만들어 사용했다는 점이다. 이 안내서는 죽음의 세계가 어디에 있으며 그곳에 어떻게 가는지에 대해서 설명하고 있다. 어떻게 보면 '사자의 서'

지하계에서 이루어지는 심판의 모습. 저울의 왼쪽에는 심장이 있고 오른쪽에는 깃털이 있다.

도 같은 범주에 들어가는 자료라 할 수 있다. '죽은 자들을 위한 책'이라는 제목에서 보이듯, '사자의 서'는 지하 세계에 있는 각종 위험을 피하거나 극복할 수 있게 하려는 목적에서 만들어진 것이기 때문이다. 이 점에서 본다면 이집트의 내세 표상은 두려움과 희망, 종교적인 신뢰와 주술적인 노력-내세에서 행복한 삶을 보증받기 위한- 등이 혼합되어 있는 것임을 알 수 있다.

가나안으로 알려진 시리아-팔레스타인

시리아-팔레스타인 지역은 지금의 지중해 동부 연안에 있는 팔레스타인과 그 북쪽의 시리아 영토를 포함한다. 구약성서에서 자주 언급되는 가나안(Canaan) 지역이 넓은 의미에서 볼 때 오늘날의 시리아, 레바논, 이스라엘, 요르단 등지를 포함하고 있음을 주목한다면, 시리아-팔레스타인 지역은 구약성서의 가나안 땅과 거의 같은 지역을 가리킨다고 볼 수 있다. 그런데 이 지역은 지리적으로 분할되어 있어서 정치적인 구심점을 갖지 못한 탓에 오랫동안 주변 강대국들의 지배를 받았다. 더욱이 이곳이 이집트와 메소포타미아 지역을 잇는 교량 역할을 하다 보니, 주변 강대국들은 일찍부터 이곳을 탐내지 않을 수 없었다.

이 지역의 역사를 재건하는 일이 결코 쉬운 일은 아니지만, 현재까지 확인된 바에 의하면 지중해 해안 북부 지역에 최초의 알파벳 문자를 사용한 페니키아 문명이 존재했던 것으로 알려져 있다. 페니키아는 두로(Tyre)와 시돈(Sidon) 및 비블로스(Byblos) 등의 도시들을 중심으로 하는 해상 무역 국가였으며, 지중해 동부 전역에 카르타고(Carthage)를 비롯한 여러 식민지들을 거느리고 있었다. 그런가 하면 시리아 북서쪽에 위치한 오늘날의 텔 마르딕(Tell Mardikh)에는 기원전 3천년대에서 2천년대에 이르기까지의 시리아 역사를 밝혀주는 에블라(Ebla) 왕국이 존재했음이 최근에 확인되었다. 1960년대 말부터 발굴되기 시작한 에블라는 대단히 많은 토판들과 문서 자료들을 남겼는데, 아직까지도 많은 자료들이 완전히 번역되지 못한 채로 있다.

에블라 외에도 에돔과 모압, 암몬, 아람(시리아) 등이 있으나, 시리아-팔레스타인 전역을 포함하는 가나안 지역의 종교와 문화는 1929년 이후로 프랑스의 고고학자 쉐퍼(C.F.A.Schaeffer)가 발굴하기 시작한 우가릿(Ugarit: 지금의 Ras Shamra) 왕국의 무수한 자료들에 의해 그 윤곽이 비교적 분명하게 밝혀지게 되었다. 기원전 14~13세기에 시리아의 해안 지역에 존속했던 우가릿 왕국의 역사적인 배경은 이스라엘이 가나안 지역에 정착해 들어간 시기와 맞물려 있기 때문에, 이스라엘 종교와 가나안 종교 사이의 관계를 논함에 있어서 우가릿 문헌만큼 소중한 자료는 없을 것이다.

가나안 사람들이 섬기던 신들

서부 셈족(West Semitic)에 해당하는 시리아-팔레스타인 지역의 가나안 사람들은 다른 지역과 마찬가지로 자연계에 있는 여러 요소들을 신적인 숭배의 대상으로 상정해 놓고 그들이 인간의 삶에 깊은 영향을 끼친다고 믿었다. 그들은 자연계 안에 있는 다양한 힘들에 대하여 무기력함을 느꼈고, 그래서 그러한 힘들에게 의존하는 태도야말로 안정된 삶을 가능케 한다고 믿었던 것이다. 특히 가나안 땅이 사막과 바다 사이에 있어서 비가 충분하지 않았던 데다가 큰 강을 끼고 있는 것도 아니었기 때문에 가나안 사람들은 비와 관련된 풍요와 다산에 깊은 관심을 가지지 않을 수 없었고, 그 결과 비와 관련된 신들이 그들의 종교와 신앙의 중심을 이룰 수밖에 없었다.

그중 가장 대표적인 신이 바로 바알(Baal)이라는 별칭으로 더 널리 알려진, 천둥과 번개의 신 하닷(Hadad)이다. 우가릿 북쪽 지역의 언덕배기에 자신에게 봉헌된 큰 신전을 가지고 있던 바알은 농사를 잘 짓게끔 비를 내려주는 폭풍우의 신(storm-god)이요, 지상 세계에 풍요를 가져다주는 풍요와 다산의 신으로 이해되었다. 그는 또한 메소포타미아의 두무지(탐무즈)나 이집트의 오시리스처럼 죽었다가 살아나는 신이요, 지상 세계의 기근과 가뭄(죽음), 그리고 풍요와 번성(부활)을 대표하는 신이었다.

바알이 이처럼 가나안의 신들 중에 가장 활동적으로 움직이면서 풍요와 다산의 기능을 가지고 있던 것과는 달리, 가나안 만신전의 우두머리인 엘(El)은 그렇지 않았다. 그는 가나안 사람들에 의해 우주 만물을 창조한 신으로 숭배되었지만, 바알처럼 지상 세계에 비를 내리는 신이 아니었으며, 죽었다가 다시 살아나는 신도 아니었다. 이는 그가 바알이나 다른 신들처럼 지상 세계에 풍요를 가져다 주는 신으로 폭넓게 숭배되지는 않았음을 암시한다.

한 손에 곤봉을 들고 다른 손에는 번개 창을 들고 있는 바알의 모습.

엘의 풍요 기능이 이처럼 약했던 까닭에, 그의 배우자인 아티랏(Athirat)의 풍요 기능에도 별다른 차이가 없었다. '아세라'(Asherah)[10]로 불리기도 하는 아티랏은 엘과의 사이에서 70여 신들을 낳은 것으로 알려져 있고 신들의 어머니로서 신들과 방백들에게 젖을 물리는 자, 곧 그들의 양육자로 나타난다.

아티랏 외에도 아스타르테(Astarte)와 아낫(Anat)이라는 두 여신이 있다. 이들은 공히 우가릿 문헌에서 바알의 배우자로 나타나는데, 수메르의 이난나와 바빌론의 이슈타르에 해당하는 아스타르트는 우가릿 문헌에서 아낫 만큼이나 중요한 바알의 배우자로 나타나지는 않으나 페니키아 문헌과 구약성서에서 바알의 배우자로 자주 언급되고,[11] 이슈타르와 마찬가지로 전쟁과 풍요의 여신으로 숭배되었다. 그리고 우가릿 문헌에 나오는 여신들 중 가장 활발하게 움직이면서도 구약에서는 거의 언급되지 않는 아낫[12] 역시 아스타르테처럼 전쟁과 풍요 및 사랑의 여신으로 숭배되었다.

이 외에도 바알의 아버지로 알려진 곡물의 신 다간(Dagan 또는 Dagon) 역시 풍요의 신으로 숭배되었다. 풍성한 곡물 수확과 그로 인한 지상 세계의 풍요에 책임을 지고 있던 다간은 악카드 왕국의 사르곤 이후로 메소포타미아 지역과 마리, 팔레스타인, 페니키아 등지에서 폭넓게 숭배되어 왔고,[13] 특히 북부 시리아의 에블라 지역에서는 최고신으로 숭배되기까지 했다.

주요 신화들

우가릿 지역에서는 풍요를 상징하는 폭풍의 신 바알과 사랑의 여신 아낫이 주요 역할을 수행하는 크고 작은 토판들이 다량 발굴되었다. 이 토판 자료들을 일컬어 흔히 '바알 신화집'(Baal Cycle)이라 부른다. 이 신화집의 주제는 우가릿 만신전의 변두리에 처해 있던 바알이 혼돈의 세력들인 얌(Yam, '바다') 또는 나하르(Nahar, '강')와 모트(Mot, '죽음') 등을 패배시킴으로써 신들의 왕으로 부상한다는 데 있다. 이 신화집은 크게 바알과 얌의 투쟁, 바알의 궁전 건축, 바알과 모트의 투쟁 등의 세 가지 이야기로 구성되어 있다.

첫 번째 이야기에서는 최고신 엘이 신들의 세계에서 새로운 세력으로 부상하는 얌을 위해 기능의 신인 코타르(Kothar)에게 그의 집을 지어주게 함으로써 얌과 바알 사이에 긴장이 발생한다. 얌이 전령들을 보내어 무례하게 바알의 인도를 요구하자, 엘을 포함한 대다수의 신들은 두려움에 떨면서 바알의 인도를 획책한다. 이에 분개한 바알은 코타르에게서 두 개의 곤봉을 얻어 그것으로 얌을 패배시키고 승리를 거둔다.

두 번째 부분에서 바알은 얌에게 승리를 거둔 후 신들이 베풀어준 연회에 참석하게 되고, 아낫은 그 연회에서 바알의 신전 건축 의도를 전해 듣는다. 이에 아낫은 엘을 찾아가게 되고, 우여곡절 끝에 엘에게서 바알의 집을 건축하라는 승낙을 얻어 낸다. 코타르의 힘으로 신전을 준공한 바알은 바다에 있는 얌에게 최후의 일격을 가한 후 절대 왕권을 획득하고, 이 사실을 엘의 아들인 죽음의 신 모트에게 알린다.

세 번째 부분에서 모트는 전령을 보내어 바알의 왕권에 도전한다. 바알은 그의 도전에 응하여 지하 세계에 내려갔으나 승리를 거두지 못하고, 그가 지하 세계에서 죽었다는 소식을 들은 엘과 아낫은 크게 슬퍼한다. 아낫은 태양의 여신 샵슈(Shapsh)와 함께 바알의 시체를 찾아 장사를 지낸 다음, 기회를 엿보다가 모트를 사로잡아 그를 죽이고 그의 몸을 조각내버린다. 모트의 죽음으로 바알은 부활하여 다시 왕위에 오르게 되고, 7년 후 다시 살아난 모트는 재차 바알에게 도전하지만 샵슈의 경고에 굴복하여 바알의 왕권을 인정한다.

이상으로 요약되는 바알 신화집은 자연계의 순환에 대한

신화적인 해석을 반영하고 있다. 먼저 바알과 얌의 투쟁은 지중해가 거칠어지고 육지의 강물이 불어나는 늦가을의 우기(雨期)를 배경으로 하고 있으며, 모트와의 투쟁은 태양열로 인한 가뭄이 식물들을 말려 죽이는 여름을 배경으로 하고 있다. 그리고 다시 살아난 바알이 모트를 정복하는 것은 여름 가뭄이 종결되고 다시금 풍요가 회복됨을 의미한다.

바알 신화집 외에도 신화의 성격을 갖는 중요한 작품이 두 개 있다. 그 하나는 '아캇(Aquat) 이야기'이고, 다른 하나는 '케렛(Keret) 왕의 전설'이다. 전자의 내용은 다음과 같다.

다니엘이라는 왕(겔 14:14 참조)은 과부와 고아의 권리를 보호하는 의로운 재판관이다. 아들이 없는 그를 위해 바알이 엘에게 간구하자, 엘은 그에게 아캇이라는 아들을 준다. 장성한 아캇은 코타르로부터 선물 받은 멋진 활을 가지고 사냥을 나갔다가 부와 영생을 줄 터이니 활을 달라는 아낫 여신의 제안을 받는다. 그러나 아캇은 자기가 다른 모든 사람들처럼 죽을 수밖에 없는 필멸의 존재임을 밝히면서 아낫의 제안을 거절한다. 이에 분노한 아낫이 아캇을 죽이자, 초목이 시들고 바알이 무기력해진다. 뇌우도, 비도, 이슬도, 샘도 사라진다. 이상의 이야기는 정의를 행해야 하는 왕의 역할을 강조함과 동시에 아캇의 죽음이 바알의 죽음과 똑같은 결과를 일으킨다는 서술을 통하여, 왕이나 왕의 아들이 신들을 대표하는 자로서 지상 세계의 풍요를 책임지고 있음을 암시하는 것으로 보인다.

'케렛 왕의 전설'도 이와 비슷한 주제를 다루고 있다. 그중

심 내용은 이렇다: 케렛이라는 의로운 왕이 갑자기 아내와 자녀들을 잃고서 슬픔에 잠겨 있자, 엘은 그의 꿈속에 나타나 우둠(Udum) 땅에 선전포고를 하되, 그곳의 파빌(Pabil) 왕에게 청하여 그의 딸 후라이(Hurai)를 아내로 맞이할 것을 명한다. 케렛은 엘이 명한 대로 하여 후라이를 아내로 맞은 후, 바알의 개입으로 일곱 아들을 얻는다. 후에 병약해진 케렛이 더 이상 왕 역할을 수행치 못하자, 막내 아들 야십(Yasib)은 아버지의 자리를 대신할 것이라는 계시를 받고서, 병약한 아버지가 왕으로서의 역할을 제대로 수행하지 못한 것을 거칠게 비난한다. 고아와 과부의 권리를 보호하지 못하고 압제당한 자를 돕지 않았다는 것이다. 여기서 우리는 정의를 행해야 하는 왕이 신의 아들로, 그리고 신으로부터 왕권을 부여받은 자로 여겨지고 있음을 알 수 있다.

제의와 왕정

가나안 사람들의 종교 생활은 주변 세계와 마찬가지로 신전을 중심으로 하여 이루어졌고, 제의를 통하여 구체화되었다. 그들은 자기들이 믿는 신들에게 희생 제사를 드림으로써 삶에 풍요와 안정 및 번영이 약속된다고 믿었다. 그리하여 주기적으로 만신전의 주요 신들에게 각종 희생 제사를 드렸는데, 그들이 신들에게 드리는 희생 제물은 신들이 먹을 양식으로 이해되었다. 그들이 드린 희생 제사는 때때로 어린 아이들을 제물로 바치는 이른바 인신 제사(human child sacrifice)의 형태로 나타나기도 했다.

그러나 희생 제사가 풍요를 보장받는 유일한 수단은 아니었다. 메소포타미아 지역과 마찬가지로 가나안 지역은 거룩한 결혼이라는 종교 의식을 가지고 있어서, 그것을 매개로 하여 신들로부터 풍요를 약속받고자 했다. 가나안 종교의 거룩한 결혼 개념은 바알과 아낫 사이의 성적인 결합을 다루는 바알 신화집에 잘 반영되어 있다. 아마도 바알은 배우자 아낫과의 성적인 결합을 통해서 그녀에게 풍요의 힘을 제공하고, 그럼으로써 자신의 죽음 후에 있을 풍요의 종식에 대비함과 동시에 미래의 풍요를 보전하고자 했을 것이다.

둘 사이의 이러한 거룩한 결혼은 바알 신전에서 왕의 주도하에 이루어졌을 것으로 보이는데, 그 시기는 아마도 우기가 시작되는 가을 신년 축제 무렵이었다고 보아야 옳을 것이다. 왜냐하면 이 시기야말로 거룩한 결혼 의식의 결과인 풍요와 번영이 가장 확실하게 약속되는 때이기 때문이다. 따라서 가나안 사람들은 신년 축제의 때에 신전에서 행해지던 왕과 왕후의 성적인 결합을 신들의 성관계에 상응하는 것으로 보고서, 둘 사이의 성관계가 지상에 풍요를 가져다준다고 믿었을 것이다.

그러나 거룩한 결혼 의식과 관련된 풍요의 보증은 왕이나 왕후와 같은 고위직에만 한정된 것이 아니었다. 우가릿 문헌에 의하면, 바알 신전에는 신전 창기라는 일종의 성직 계급이 있었는데, 이들은 바알 신전에서 남신과 여신의 자격으로 일반 예배자들과 성관계를 가짐으로써 땅의 풍요와 다산을 보증하고자 했다. 가나안 사람들은 그들과의 관계를 통해서 자기들의 삶에 연속성이 확보된다고 믿었을 것이며, 그러한 주술적인 행동이 자연계의 질서를 유지시켜 줄 뿐만 아니라, 지상 세계의 삶 속에 있는 온갖 긴장들을 해소시킴과 동시에 풍요로운 현재와 미래를 보증해 준다고 생각했을 것이다.

가나안 지역에서는 거룩한 결혼 의식 외에 메소포타미아나 이집트에서 널리 행해지던 죽음과 부활 의식도 널리 행해진 것으로 알려져 있는데, 이것 역시 바알 신화집에 암시되어 있다. 앞서 살핀 바와 같이, 바알 신화집의 세 번째 이야기에 담긴 바알의 죽음과 부활에 관한 이야기는 바알의 죽음이 기근과 가뭄에서 비롯된 초목의 연례적인 죽음과 관련되어 있음을 암시한다. 바알의 죽음을 애통해 하는 엘의 탄식 역시 그의 죽음으로 인하여 들판의 밭이랑들이 마르게 되었으며, 그가 경작지의 밭고랑들을 돌보지 못하게 됨으로써 결국에는 지상 세계의 풍요와 번성이 끝나게 되었음을 노래한다. 그리고 바알이 아낫의 도움으로 다시 살아나는 것은 풍성한 비와 그로 인한 초목의 재생과 관련된다.

신들의 뜻과 황홀경 예언, 그리고 점술

가나안 사람들은 다른 지역 사람들과 마찬가지로 자기들이 신들의 종이라는 생각을 기본적으로 가지고 있었다. 또한 그들은 생명이나 재산, 건강 등을 포함하는 모든 좋은 것들이 신들로부터 주어지는 선물이라고 믿었다. 그들은 그러한 복은 아무 조건 없이 사람들에게 거저 주어지는 것이 아니라 의로운 자, 곧 신들의 뜻에 순종하는 자에게만 주어지는 것이라 믿었고, 그 복이 여러 세대에까지 영향을 미친다고 믿었다. 그 반대도 마찬가지이다. 신들의 뜻에 불순종하거나 악을 행하는 자에게는 심판과 불행, 재앙 등의 벌이 주어진다는 것은 너무도 당연한 일이었다.

더 나아가서 가나안 사람들은 국가의 흥망성쇠가 전적으로 왕의 의로움과 선정(善政)에 좌우된다고 믿었다. 왕이 정의롭게 나라를 잘 다스린다면 나라가 신들의 복을 받아 융성할 것이지만, 그렇지 못할 경우에는 신들의 저주와 심판으로 인하여 원수의 침략이나 땅의 황폐화가 초래될 수도 있다는 것이다. 개인이나 국가의 차원에 적용되는 이상의 행위-결과 논리는 인과율의 신앙 내지는 보상의 교리에 기초한 것이라 할 수 있다.

가나안 사람들은 이렇듯이 원인과 결과 사이의 엄정한 관계야말로 신들의 뜻을 대표하는 것이라고 믿었다. 그러나 신들의 뜻은 때때로 신탁 메시지를 통해서 구체화되기도 했다. 기원전 1100년 무렵의 '웬-아몬(Wen-Amon)의 여행기'가 그 대표적인 증거를 제공한다. 이 여행기에 의하면, 이집트 사람 웬-아몬은 페니키아의 한 도시인 비블로스를 방문하여 그곳의 군주와 협상을 벌인다. 페니키아 군주는 처음에 웬-아몬이 그곳에 머무르는 것을 허락하지 않으려 했으나, 아몬 신이 그 군주의 시종 하나를 황홀경에 빠지게 하여 웬-아문의 비블로스 체류를 허용하라는 메시지를 전한다.

이것은 가나안 지역에서 황홀경에 빠진 채로 신들의 메시지를 전하는 일이 자주 있었음을 암시한다. 이러한 신탁 메시지 외에도 꿈을 통한 계시 역시 가나안 지역에서 흔히 신들의 뜻을 알리는 한 방법으로 자주 나타난다. 그런가 하면 전문적인 기술을 통하여 신들의 뜻을 알아내거나 신들의 세계에 속한 초월적인 힘을 이끌어내려는 방법도 가나안 지역에서 널리 사용되었다. 이를테면 앞서 언급한 간신점과 별점 및 이슬이나 비가 내리는 등의 방법을 통하여(이슬점) 신들의 뜻을 알고자 하는 점술 방식이 그렇다.

죽음과 사후 세계

풍요로운 자연 환경 덕에 자연스럽게 죽음을 생명의 연속으로 이해한 이집트 사람들과는 달리, 열악한 생존 조건 속에서 힘겹게 살아가던 가나안 사람들은 죽음을 생명만큼이나 친숙한 것으로 받아들이지 못했다. 그것은 영원한 투쟁의 대상이기도 했지만, 근본적으로는 싸워서 이길 수 없는 숙명과도 같은 것이었다. 지하 세계로 내려가는 바알조차도 두려움과 공포심에 사로잡혀 떨 수밖에 없는 것이 죽음이었던 것이다. 그래서인지 가나안 사람들은 같은 셈족인 메소포타미아 지역 사람들과 마찬가지로 인간의 죽음을 필연적인 것으로 받아들인다.

죽음이라는 거칠고 강한 힘을 엄연한 현실로 인정한 것이다.

가나안 사람들의 이러한 죽음 이해를 가장 잘 보여 주는 것이 앞서 언급한 '아캇 이야기'이다. 이 이야기의 주인공인 아캇은 코타르가 선물로 준 활을 탐내는 아낫 여신의 영생 제안을 받지만, 그 제안을 받아들이지 않는다. 그는 모든 인간이 죽을 수밖에 없는 존재라는 것을 통찰하고 있었기에 아낫의 제안을 거부한 것이다. 이로 인하여 아캇은 아낫의 미움을 받아 죽게 되는 바, 이는 죽음의 필연성에 대한 가나안 사람들의 통념이 어떠한지를 우회적으로 보여 준다. 그들은 죽음을 모든 인간에게 정해진 운명으로 받아들였던 것이다.

죽으면 그야말로 모든 것이 끝이었다. 다시 살아난다는 것은 인간 세계에서 도무지 있을 수 없는 일이었다. 그러나 신들의 세계에서는 그것이 가능했다. 가나안 사람들은 인간에게는 불가능한 영생과 불멸이 신들에게는 가능한 것이라고 믿었다. 죽었다가 살아나는 바알의 경우가 그 점을 잘 보여 준다. 어쩌면 왕이 주도하는 바알의 죽음-부활 제의는 인간의 부활을 불가능한 것으로 믿으면서도, 궁극적으로는 죽음을 이겨내고자 애쓰는 가나안 사람들의 필사적인 몸부림에서 비롯된 것이라 할 수도 있다. 물론 그 본질은 메소포타미아 지역의 경우와 마찬가지로 풍요를 주관하는 신의 죽음과 부활을 정기적으로 재현함으로써, 인간의 삶을 둘러싸고 있는 온갖 혼돈과 죽음의 세력으로부터 벗어나 참된 풍요와 안정을 누리고자 하는 데에 있었지만 말이다.

성서의 고장 이스라엘

 이스라엘의 역사는 메소포타미아 지역에 거주하던 아브라함으로부터 비롯되지만, 민족 공동체로서의 이스라엘의 실질적인 역사는 그들이 모세의 인도 하에 이집트를 탈출한 출애굽 사건에서 시작된다. 출애굽 공동체는 40년간의 광야 유랑 생활을 거친 끝에 약속의 땅으로 알려진 팔레스타인 지역에 집단 이주하여 그곳에 거주하게 된다. 그들이 거주한 땅은 그 시대의 양대 문명권인 메소포타미아와 이집트를 연결하는 교량 역할을 수행하고 있었다. 이것은 곧 이스라엘의 정착지가 아시아와 아프리카 두 대륙을 잇는 땅임을 뜻했다. 이 점에서 이스라엘이 거주하게 된 팔레스타인 지역은 양대 문명과 두 대륙 사이에서 중간 통로 역할을 하는 곳이요, 따라서 전략적으로 매우 중요한 곳이었다.

여기서 우리는 한 가지 중요한 사실을 깨닫게 된다. 그것은 곧 이스라엘 민족의 역사가 이제까지 설명한 지역들과 어떤 형식으로든 연결되어 있다는 점이다. 이스라엘의 초기 역사에 속한 아브라함과 모세가 메소포타미아 문명과 이집트 문명에 친숙한 사람들이었다는 사실이 그렇고, 이스라엘의 가나안 정착이 시리아-팔레스타인 세계를 배경으로 하고 있다는 사실이 그렇다. 가나안 정착 이후의 이스라엘 역사는 바로 이 세 개의 문화권을 중심으로 하여 움직여 나간다.

여호수아의 인도 하에 가나안 땅에 들어간 이스라엘은 유목 문화권에서 농경 문화권으로 옮겨가면서 상당한 문화적인 충격을 경험한다. 그 와중에 그들은 가나안 농경 사회의 종교와 접촉하게 되고, 상당히 많은 사람들이 가나안 지역의 여러 신들- 그중에서도 특히 바알- 을 섬기게 된다. 이 시기의 문화적이고 종교적인 환경 변화는 정치 형태의 변화를 초래하기도 했다. 사사들의 다스림을 받던 이스라엘이 절대 권력을 가진 왕의 지배를 받는 이른바 절대 군주제를 도입한 것이 그렇다. 이스라엘의 왕정 도입은 너무도 잦은 이민족의 침략, 특히 바다 민족(sea people)으로 알려진 블레셋 족속의 압박에서 비롯된 것이었다.

왕정 초기는 사울과 다윗, 그리고 솔로몬에 의해 그 기초가 닦인다. 그러다가 솔로몬이 죽은 다음에 남북 두 왕국으로 분열됨으로써, 이스라엘 역사는 통일왕국 시대로부터 분열왕국 시대로 옮겨간다. 북왕국 이스라엘은 여러 차례 쿠데타의 아픔을 겪다가 기원전 722년경에 앗수르 제국에 망하고, 다윗 왕조를 꾸준히 이어가던 남왕국 유다는 기원전 587년경에 바빌론 제국에 망한다. 왕정 시대와 관련하여 한 가지 주목할 사실은 절대 군주제가 시작되면서 지상(地上)의 왕권에 맞서 야웨의 왕권을 대변하는 사람들, 곧 예언자(預言者) 계층이 생겨났다는 점이다. 그들이 주도한 예언 운동은 왕정 시대가 끝날 무렵까지 계속되다가, 왕정이 붕괴된 이후로 바빌론 포로기와 페르시아 제국의 통치시기에 이르기까지 서서히 약화되면서 묵시 운동으로 그 성격이 바뀌게 된다.

야웨 유일신 신앙과 이스라엘의 다양한 종교 편력

이스라엘 민족이 공식적으로 섬기던 신의 이름은 야웨(Yahweh)였다. 아브라함을 비롯한 족장들의 시대에 엘(El)이라는 이름으로 자주 고백되던 그는 출애굽 사건을 계기로 하여 본격적으로 야웨라는 이름으로 이스라엘 사람들에게 알려지게 된다(출애굽기 3:13-15). 열 가지의 자연 재앙에서 비롯된 출애굽 해방은 그가 어떤 신인지를 한눈에 알게 해주는 중요한 사건이었다. 그 사건은 야웨가 자연계에 있는 어떤 힘이 아니라, 도리어 자연을 포함한 우주 만물을 주관하고 지배하는 신이면서 동시에 자연계에 대하여 독립성과 초월성을 가진 신이요, 역사 안에서 활동하면서 힘없고 약한 자들을 구원하는 역사의 주임을 분명하게 보여 주었다.

고대 이스라엘의 이러한 신관은 주변 세계의 모든 종교가 자연에 신성을 부여하고 자연계에 있는 힘들을 신적인 존재로 숭배했던 것과는 판이하게 다른 것이었다. 그럼에도 불구하고 이스라엘이 처음부터 철저하게 야웨만을 자기들의 신으로 섬겼던 것은 아니다. 오히려 그들은 주변 세계의 여러 다른 신들을 똑같이 섬겼다. 이스라엘 일반 대중은 구약성서가 강조하는 규범적인 야웨 유일신 신앙과는 반대로, 주변 세계의 다신교적인 종교와 크게 다를 바 없는 신앙을 가지고 있었던 것이다.

이스라엘 대중의 이러한 다원주의적인 종교 성향은 가나안 정착 이후로 본격화되었다. 유목 이동 문화에 친숙해 있던 이스라엘 백성은 가나안에 정착하면서 풍요와 다산을 추구하던 바알 종교에 깊숙이 빠져들기 시작했다. 바알 종교는 바알과 그의 배우자인 아세라[4] 사이의 부부 관계가 풍요와 번영을 약속한다고 가르쳤다. 그리하여 바알 신전에 신전 창기를 두고서 그들과 성관계를 맺음으로써 둘 사이의 부부 관계를 재현하고자 했다. 인간의 성 본능에 기초한 바알 종교의 이러한 매력은 이스라엘 백성에게 큰 유혹으로 작용하였다. 이스라엘이 얼마나 쉽게 그 유혹에 넘어갔는가는 이스라엘의 가나안 정착 초기인 사사 시대의 혼란상에 잘 반영되어 있다(사사기 2:11-13; 참조. 호세아 4:13-14).

사사 시대에서 왕정 시대로 바뀐 후로도 이스라엘의 바알 종교 밀착은 여전하였다. 아니 그 이상이었다. 주변 나라들과 활발하게 무역 거래를 하던 다윗-솔로몬 시대의 국제화, 개방화 정책이 본격화되면서부터 바알을 비롯한 다른 신들을 숭배하는 일이 한층 빈번해진 것이다. 특히 솔로몬의 무분별한 정략결혼은 예루살렘을 외래 종교의 전시장처럼 만들어버렸다(열왕기상 11:1-8).

이러한 분위기는 분열왕국 시대에도 변함이 없었다. 북왕국 이스라엘의 경우, 초대 왕 여로보암 1세는 벧엘과 단에 금송아지 단을 쌓고서는 그 송아지 신상에게 제사를 드리고 분향하였다(열왕기상 12:28-33). 그를 이은 북왕국의 왕들은 한결같이 "여로보암의 길을 따라감"으로써(열왕기상 15:26, 34; 16:19, 26, 31 등), 금송아지 숭배에서 헤어나지를 못했다.

남왕국 유다에서도 바알 종교를 비롯한 많은 외래 종교가 폭넓게 유통되었다. 무엇보다도 당시의 강대국이던 앗수르와 바빌론 및 아람(시리아) 등의 종교가 주류를 이루었다. 남왕국에서 유행하던 외래 종교의 실상이 어떠했는가는 히스기야와 요시야의 종교개혁을 통해서 확인할 수 있다. 히스기야가 집권하던 때에 유다 백성들은 모세가 광야에서 만들었던 놋뱀을 숭배하기까지 하였으며(열왕기하 18:4), 요시야 초기에는 므낫세 때부터 유행하던 바빌론 지역의 각종 점성술과 해와 달과 별들을 숭배하는 이른바 천체숭배 사상이 널리 퍼져 있었다(열왕기하 21:4-6; 23:5-14). 나라가 바빌론에 망한 다음에는 바빌론에 포로로 잡혀간 사람들이 바빌론 종교에 더욱 깊이 빠져들게 되었다. 이스라엘 여인들이 예루살렘 성전 안에서 탐무즈를 위하여 애곡했다고 보도하는 에스겔 8:14의 기록이 그 점을 뒷받침한다.

이스라엘 종교의 경전인 히브리 성서

이스라엘 주변 세계의 종교는 왕이나 국가를 중심으로 하는 다양한 종교 문헌들을 가지고 있었지만, 종교 생활의 규범과 표준이 될 만한 경전은 가지고 있지 못했고, 그저 산발적으로 흩어진 무수한 종교 문헌들이 있을 뿐이었다. 이와는 달리 이스라엘은 특이하게도 그들의 종교적인 정체성을 보증해 주는 그들 나름의 경전을 가지고 있었다. '구약성서'로 불리는 그것은 히브리어로 기록된 히브리인들의 성서인 까닭에 '히브리 성서'로 불리기도 한다. 당시에 존재하던 무수한 문헌들과 자료들 중 현재 구약성서에 담긴 39권[15]의 책들이 야웨 신앙의 정경(正經, canon)으로 선정된 것은 그것들이 계시된 야웨의 말씀으로, 그리고 이스라엘을 향한 하나님의 거룩한 뜻으로 여겨졌기 때문이다.

물론 그 39권의 책들이 처음부터 정경으로 확정되어 있었던 것은 아니다. 그것들은 인간의 언어인 히브리어와 아람어(극히 일부)로 기록된 것들로서, 특정 시대의 특정 저자들이 제각기 그들 자신이 처해 있던 독특한 삶의 자리를 배경으로 하여 기록한 다양한 종류의 문헌들이었으며, 다른 많은 문서들과 함께 유통되다가 기원후 90년에 팔레스타인의 얌니아(Jamnia)에서

히브리 성서의 일부

열린 유대교 공의회에서 최종적으로 유대교 정경으로 확정되었다. 확정될 당시의 구약성서는 전부 24권(실제로는 39권)이었으며, 율법서와 예언서 및 성문서(Holy Writings) 등의 세 부분으로 나누어졌다.

그중 첫 번째 부분인 율법서는 창세기에서 신명기까지의 다섯 권으로 되어 있으며, 기원전 400년경의 에스라에 의해 정경으로 최종 완성되었을 것으로 추정된다. 그리고 여호수아, 사사기, 사무엘상하, 열왕기상하까지의 전기 예언서(4권)와 이사야, 예레미야, 에스겔, 12소예언서(호세아~말라기)까지의 후기 예언서(4권)로 구성된 예언서의 경우, 전기 예언서가 바빌론 포로기 때에 그전 시대의 각종 자료들을 토대로 하여 지금과 같은 형태로 완성되었을 것으로 여겨지며, 후기 예언서는 책들에 따라 많은 차이가 있기는 하지만 아마도 기원전 4세기를 전후한 시기에 전기 예언서와 함께 지금의 형태로 완성되었을 것이다. 그리고 시편으로부터 시작하여 욥기, 잠언, 룻기, 아가, 전도서, 예레미야애가, 에스더, 다니엘, 에스라-느헤미야, 역대상하 등의 11권으로 된 성문서(聖文書)는 율법서나 예언서와는 달리 시편, 지혜문학, 역사서, 묵시문학 등의 다양한 장르에 속한 작품들을 포함하고 있어서 상당히 복잡한 정경화 과정을 거치기는 했지만, 기원전 2세기 이후 어느 정도 수집 작업이 완료되면서 정상적인 정경화의 길을 걸었을 것으로 추측된다.

여기서 우리가 한 가지 기억해야 할 것은, 앞서 말한 얌니야 회의가 24권(39권)의 책들을 계시된 야웨의 말씀으로 만든 것이 아니라, 그 반대로 이미 일반 대중 사이에서 계시의 말씀으로 폭넓게 사용되던 책들의 범위를 그 회의가 공식적으로 확인했다는 점이다. 얌나야 회의의 정경 확정은 정경 밖의 다른 문서들이나 자료들로부터 비롯되는 위험을 차단하기 위한 목적도 아울러 가지고 있었다. 정경과 그에 기초한 신앙 모두를 보호하기 위한 목적 말이다. 현재 한국의 개신교가 가지고 있는 39권의 구약 정경은 히브리 성서 24권과 같은 것으로서, 단지 배열순서만 다를 뿐이다. 창세기에서 신명기까지의 율법서(5권), 여호수아에서 에스더까지의 역사서(12권), 욥기에서 아가서까지의 시가서(5권), 이사야에서 말라기까지의 예언서(17권) 등의 순서가 그렇다.

이스라엘의 제의가 갖는 특징

이스라엘 민족에게 있어서 제의는 어떠한 의미를 갖는가? 이를 가장 잘 설명해 주는 것이 출애굽기와 레위기이다. 구약성서에서 제의에 관하여 가장 포괄적으로 설명하고 있는 출애굽기와 레위기는, 제의가 본질적으로 출애굽 구원의 은총에 대한 응답으로 이스라엘에게 요구되는 것임을 밝히고 있다. 좀 더 구체적으로 설명하자면 이렇다. 출애굽기의 일부 본문들(2:23-24; 3:7-9; 6:5)은 출애굽 해방이 이집트에 체류하던 이스라엘의 탄식과 부르짖음에 대한 야웨의 응답으로 주어진 것이라고 말한다. 아울러 출애굽 해방은 압제와 속박 속에서 신음하던 이스라엘을 이집트로부터 건져내어 야웨를 섬기고 예배하게 하려는 목적을 가지고 있었음이 여러 본문들을 통해서 확인된다(3:12, 18; 4:23; 5:1, 3; 7:16; 8:1, 20; 9:1, 13; 10:3). 이는 출애굽 사건이 이스라엘로 하여금 구원과 해방의 하나님을 잘 섬기고 예배하게 하려는 목적을 가지고 있었음을 암시한다. 결국 이스라엘 민족에게 있어서 제의는 야웨 하나님의 구원 은총에 대한 이스라엘의 응답에 해당하는 것이다.

이스라엘의 이러한 제의 개념은 제의를 통하여 신들의 호의를 얻고 그로 말미암아 안정되고 풍요로운 삶을 약속받고자 하던 다른 지역의 제의 개념과 어느 정도 겹치면서도, 본질적인 부분에서는 상당한 차이를 보인다. 물론 제의의 기본 구성 요소들에는 서로 간에 별다른 차이가 없다. 이를테면 제의의 주요 장소인 성막(聖幕, tabernacle)과 레위기에 규정된 각종 제사들, 그리고 출애굽기에서 신명기에 이르기까지 산발적으로 언급되는 주요 축제 등이 그렇다. 이 세 가지 구성 요소들은 다른 종교에서도 똑같이 발견된다. 그러나 제의의 기본 정신이나 본질에 있어서는 위에서 말한 대로 양자 간에 중요한 차이가 있음을 부정하기 어렵다.

먼저 제의의 세 가지 구성 요소 중 첫 번째의 것인 성막에 대해서 살펴보기로 하자. 일종의 이동 성소라 할 수 있는 성막은 야웨의 현현(theophany) 장소이면서 동시에 야웨와 이스라엘의 만남을 가능케 하는 곳이라는 의미에서 '만남의 장막'(會幕, tent of meeting)으로 불리기도 한다. 이 성막은 가나안 정착 이후 여러 지역에 산재되어 있던 산당(山堂, high place)으로 바뀌었고, 솔로몬 시대에 이르러서는 일종의 국가 성소요 중앙 성소인 예루살렘 성전으로 대체되었다.

그리고 제의의 두 번째 구성 요소인 각종 제사들은 주로 짐승을 제물로 잡아 드리는 희생 제사의 성격을 가지고 있었다. 곡물을 제물로 드리는 경우도 있었지만(소제), 동물 제사(번제, 화목제, 속죄제, 속건제)에 비하면 그 비중이 훨씬 적은 편이었다. 그리고 사람을 제물로 잡아 바치는 인신 제사는 절대로 용납될 수 없는 것이었다(레위기 18:21; 20:2-5). 왕들이나 이스라엘 백성이 때대로 이를 어기고 인신 제사 풍습에 깊이 빠져들기는 했지만 말이다(열왕기하 16:3; 17:17; 21:6; 예레미야 7:31; 에스겔 16:20-21, 36; 20:26, 31; 23:37 등).

제의의 세 번째 구성 요소인 주요 축제들에는 이스라엘의 삼대 절기인 유월절, 맥추절, 초막절 등을 비롯하여 새해맞이 축제, 7일마다 사람과 집짐승을 쉬게 하는 안식일, 7년마다 땅을 묵히고 채무자의 빚을 탕감하는가 하면 노예들을 해방토록 하는 안식년, 50년 주기로 땅과 집과 몸을 회복시키는 희년 등이 있다. 이처럼 다양한 축제들은 한결같이 제의의 테두리

안에서 지켜지던 것들로서, 자연계의 순환을 따르는 민간 축제라 할 수 있다. 그러면서도 그 축제들은 궁극적으로는 자신들의 역사적인 경험 내지는 야웨 하나님의 역사적인 구원 행동과 관련된 것들로 재해석됨으로써 구원과 해방의 축제들로 탈바꿈하였다.

이상의 기본적인 제의 구성 요소들 외에도 이스라엘의 제의를 주변 종교로부터 구별 짓는 두 가지의 특징에 대해서 추가로 언급할 필요가 있다. 그 하나는 거룩한 결혼 의식에 관한 것이고, 다른 하나는 죽음-부활 의례에 관한 것이다. 전자의 경우, 특이하게도 야웨 제의에서는 주변 세계의 다른 종교들에서 보는 것과 같은 거룩한 결혼 개념이 존재하지 않았다. 이스라엘에게 있는 야웨 유일신 신앙 자체가 배우자 여신을 인정하지 않았기 때문이다. 따라서 공식적인 야웨 제의에서는 신들 사이의 결혼을 극화하는 데 소용되는 신전 창기가 불필요했다. 도리어 신전 창기는 호된 비판(호세아 4:14; 신명기 23:17; 열왕기상 14:24)과 개혁의 대상이었다(열왕기상 22:46; 열왕기하 23:7).[16]

그리고 후자의 경우, 이스라엘의 공식적인 야웨 제의에서는 야웨가 근동 종교의 신들처럼 지하계로 여행하거나 죽었다가 다시 살아난다는 식의 내용이 전혀 발견되지 않는다. 이것은 기근이나 가뭄 내지는 인간 삶의 불안정성이 야웨의 죽음이나 지하계 여행의 결과가 아니라, 그의 심판의 결과이거나 그의 역사 섭리의 한 방편에 속한 것으로 여겨졌기 때문이다(삼하

21장; 왕상 17장). 도리어 그는 죽기는커녕 그 반대로 종말의 대잔치에서 죽음의 세력을 자기 백성의 음식물로 삼을 것이다 (이사야 25:6-8).

제사장 신탁과 예언 운동

이스라엘에서는 기록된 계시의 말씀 이외에 구두(口頭)로 야웨의 말씀과 의지를 중재하는 자들이 있었다. 제의의 중심축을 담당하고 있는 제사장들과 왕정 시대 이후로 활동을 시작한 예언자들이 그렇다. 제사장들의 경우를 먼저 보도록 하자. 그들은 본래 성막(성전) 관리, 각종 제사 주관, 율법 교육, 공정한 재판을 통한 정의 실현(레위기 10:10-11; 에스겔 22:26; 44:23) 등을 책임지는 자들이었다. 그러나 다른 한편으로 그들은 야웨 하나님의 뜻을 사람들에게 전달하는 중재자로 활동하기도 했다. 그들이 때때로 사용하던 우림(Urim)과 둠밈(Thummim)이 그 점을 뒷받침한다(민수기 27:21; 사무엘상 28:6). 일종의 제비뽑기 수단에 해당하는 우림과 둠밈은 긍정과 부정의 두 가지 가능성을 놓고서 하나님의 뜻을 묻는 데 자주 사용되는 것들이었다. 이들을 보관하는 에봇(Ephod) 역시 때대로 신탁을 얻는 수단으로 사용되었다(사무엘상 23:6, 9; 30:7-10).

제사장들은 우림이나 둠밈이 아닌 다른 방식의 제비뽑기를 통해서 야웨의 뜻을 묻기도 했다(레위기 16:8-10; 여호수아 18-19장; 사무엘상 10:17-21; 14:36-42 등). 이 본문들에 의하면,

제비뽑기는 대체적으로 제사장들에 의해서 이루어졌지만, 때로는 일반인들에 의해서 이루어지기도 했다. 제사장들의 제비뽑기가 주로 공적인 일에 활용되었다고 한다면, 일반인들의 제비뽑기는 일상적인 문제를 해결하는 데 활용되었을 것이다. 그것이 구체적으로 어떠한 방식으로 무엇을 사용하여 이루어졌는지는 확인할 길이 없지만, 한 가지 분명한 것은 제비뽑기가 우림이나 둠밈처럼 두 가지 가능성 중의 하나를 선택하거나 여러 가지 가능성 가운데 하나를 선택하는 방식으로 이루어졌다는 점이다.

그런데 흥미롭게도 구약성서는 이렇듯이 주변 세계의 다양한 점술 중에서 유일하게 제비뽑기를 허용하면서도, 그 외의 다른 모든 점술과 주술은 한결같이 거부, 아니 격렬하게 비판한다(출애굽기 22:18; 레위기 19:26, 31; 20:6, 27; 신명기 18:10-11, 14). 이 본문들을 뒤집어 보면, 이스라엘 일반 대중이 가나안 정착 이후 주변 세계의 점술과 주술을 폭넓게 수용했다는 애기가 된다. 이 둘을 부정적인 시각에서 서술하는 다른 많은 본문들도 마찬가지이다(사무엘상 28:3, 7-9; 열왕기하 17:17; 21:6; 23:24 등). 이상의 본문들은 이스라엘 왕실과 지배 계층 및 일반 대중이 고대 근동 종교에서 널리 사용되던 점술과 주술을 폭넓게 받아들였음을 분명하게 보여 준다.

제사장들과 더불어 야웨의 말씀과 뜻을 사람들에게 가르치고 전하던 또 다른 계층에 예언자들이 있었다. 신명기 18:15-16은 야웨가 모세와 같은 예언자를 세울 것이라고 말함으로써, 야웨의 뜻을 아는 일은 점술이나 주술을 통해서가 아니라 예언자들의 중재를 통해서 가능하다는 점을 강조한다. 이것은 예언자들이야말로 야웨와 이스라엘 사이의 의사소통에 있어서 가장 합법적인 통로임을 의미한다. 제사장들이 전문적인 기술을 사용하여 야웨와 이스라엘 사이의 대화를 추구한 반면에, 예언자들은 다양한 소명 체험을 통하여 야웨로부터 받은 메시지를 사람들에게 선포함으로써 양자 사이의 대화를 추구하였다.

종교적인 측면과 관련하여 예언자들이 선포한 메시지에는 크게 두 가지가 있다. 그 하나는 야웨 유일신 신앙을 버리고 주변 세계의 다신론을 수용한 이스라엘의 종교 다원주의적 성향을 비판하는 것이었고(호세아 2:5-8; 4:11-14; 10:1-2; 예레미야 1:16; 2:20-28; 3:6-10; 10:1-11; 에스겔 6:4-6; 83-16; 16:15-18 등), 다른 하나는 삶과 역사 속에서 야웨의 공의로운 뜻을 실천하면서 살기는커녕 행함과 진실함이 없이 단순히 제사만 드리면 모든 것이 야웨에게 용납된다고 생각하는 잘못된 신앙관을 엄하게 책망하는 것이었다(사무엘상 15:22; 아모스 5:21-24; 4:4-5; 호세아 6:6; 8:11-13; 이사야 1:10-17; 예레미야 7:1-7; 11:15; 미가 6:6-8 등).

죽음과 사후 세계

이스라엘 사람들에게 있어서 생명은 전적으로 야웨에게 속한 것이요, 야웨로부터 비롯된 것이다. 흙으로 만들어진 존재인 인간이 그의 입 기운을 통하여 생명을 부여받았다는 창세기 2:7이 그 점을 잘 보여 준다. 생명이 야웨로부터 왔다는 것은 그것이 인간에게서 떠날 때 당연히 야웨에게 되돌아가는 것으로 이해되었음을 뜻한다(욥기 34:14-15; 전도서 12:7). 또한 그것은 생명의 끝인 죽음을 사람이 마음대로 할 수 없는 것임을 뜻하기도 한다. 생명과 마찬가지로 죽음도 하나님의 뜻에 의해서 결정되기 때문이다. 따라서 이스라엘 사람들은 죽음에 관한 하나님의 결정을 아무런 이의 없이 받아들여야만 했다. 의연하게 죽음을 받아들이고 죽음에 순응하는 태도야말로 경건한 자들의 이상이었던 것이다.

죽음에 대한 이스라엘 사람들의 이러한 태도는 그들이 주변 나라 사람들과 똑같이 죽음을 피할 수 없는 숙명, 즉 절대적인 당위와 필연으로 받아들였음을 의미한다. 그들은 모든 인간에게 똑같이 죽음이 찾아온다는 것을 잘 알고 있었다. 그리고 죽음을 맞이한 인간은 누구나 지하 세계인 음부(히브리어로 '스올')로 내려간다고 생각했다(창세기 37:35; 42:38; 44:29, 31 등). 죽은 자들의 세계인 음부는 한 번 빠져 들어가면 다시 나올 수 없는 곳이었다(민수기 16:30, 33; 사무엘하 12:23; 욥기 7:9). 생명과 죽음의 주관자인 하나님이 음부에서 다시 이끌어내지 않는 한에 있어서는 말이다(사무엘상 2:6; 시편 30:3). 이스라엘 사람들은 또한 사람이 죽으면 "조상들과 함께" 눕거나 잔다고 생각했다. 아니면 "열조와 함께" 장시된다고 생각했다(창세기 47:30; 49:29; 사무엘하 7:12; 열왕기상 15:24 등). 이것은 죽은 사람이 가족묘에 매장됨으로써 자신의 조상들과 연합함을 뜻했다.

그렇다면 대체 모든 인간에게 이처럼 엄정한 죽음이 똑같이 찾아오는 것은 무슨 이유 때문인가? 왜 죽음 앞에서는 어느 누구도 예외일 수 없는가? 이것을 잘 설명해 주는 것이 창세기 3장의 선악과 이야기이다. 최초의 인류인 아담과 하와는 선악과를 먹지 말라는 하나님의 명령을 어기고 "하나님처럼 될 것이다"는 뱀의 유혹에 말려 선악과를 따먹고 만다. 이것은 피조물인 인간이 그들에게 명령을 내리는 하나님을 무시하고 스스로가 하나님처럼 되고자 하는 욕구에 사로잡혔음을 뜻한다. 그 결과는 곧 죽음이었다. 창조주의 명령을 무시하고 스스로가 하나님이 되려는 자에게 주어질 형벌은 본래 그에게 선물로 주었던 생명을 다시 회수하는 것일 수밖에 없었다(창세기 2:17). 그래서 하나님은 두 사람을 에덴동산으로부터 추방한 다음에 천사들로 하여금 불칼을 가지고서 생명나무에 이르는 길을 지키게 했던 것이다(창세기 3:22-24).

그러나 이스라엘 사람들에게 있어서 죽음이 반드시 모든 것의 끝은 아니었다. 초기의 이스라엘은 죽음이라는 것이 절대 주권을 가지신 하나님의 뜻이요, 모든 인간의 기본적인 존재 양식이라는 점을 있는 그대로 받아들였다. 그러다가 기원전 6세기의 바빌론 포로기 이후로 서서히 영원한 생명에 대한 믿음이 생겨나기 시작했다. 죽음의 영역을 뛰어넘어 하나님과의 인격적인 관계를 지속하고자 하는 개인적인 열망이 죽음에 대한 생명의 승리를 확신하게 만든 것이다(욥기 19:25-27; 시편 16:9-11; 49:14-15). 지상의 차원에서 누리는 하나님과의 교제는 죽음에 의해서도 단절될 수 없다는 이러한 믿음은 나중에 부활 신앙으로 발전하였다. 단순한 친교의 지속이 아니라 부활에 의한 죽음의 극복을 목표로 한 부활 신앙은 처음에는 민족 공동체의 부활(호세아 6:1-2; 에스겔 37:1-14)에 관한 환상으로 구체화되었고, 나중에는 개개인의 부활에 관한 종말론적인 희망으로 발전하였다(이사야 26:19; 다니엘 12:1-2).

나폴레옹의 이집트 원정 이후로 서구 학자들에 의해 발견되기 시작한 고대 근동 세계는 오늘날 고대 그리스 문명을 뛰어넘는 찬란한 고대 문명의 본고장으로 널리 세상 사람들의 주목을 끌고 있다. 국내에서도 일반대학의 종교학과와 신학대학의 신학과를 중심으로 고대 근동 세계를 연구하고 가르치는 사람들이 늘어나면서, 서서히 메소포타미아와 이집트를 중심으로 하는 고대 근동 지역에 대한 일반인들의 관심이 고조되고 있다.

위에서 살핀 바와 같이 이들 세계의 거주민들은 제각기 자기들의 삶의 자리에 적합한 문명을 발전시키면서 삶의 안전과 평화 및 풍요를 보증받기 위해 다양한 신들을 섬겼고, 그 신들을 섬기는 데 필요한 여러 종류의 신화와 제의를 개발하였다. 아울러 그들은 신들의 뜻을 알기 위한 방편으로 신탁과 점술 및 주술을 널리 사용하였으며, 죽음-부활 의식을 포함하는 다양한 사후 세계 개념을 발전시킴으로써 죽음에 대한 두려움을 극복하려고 애썼다.

그런데 이들 중에서도 출애굽 해방 이후 광야에서의 유랑 생활을 거쳐 팔레스타인 지역에 집단 이주한 이스라엘 민족의 종교와 문화는 주변 세계와 구별되는 몇 가지 특징을 가지고 있다. 다른 신들의 존재를 배척하는 야웨 유일신 신앙의 확립, 종교생활의 규범과 표준이 되는 성서의 형성, 풍요와 안정의 추구보다는 야웨 하나님의 구원 은총에 대한 응답으로서의 성격을 갖는 제의 개념의 강조 등이 그렇다.

우리는 고대 근동 세계를 구성하는 이상의 다양한 종교와 문화를 상호 비교함으로써 당시 사람들이 고민했던 것들이 무엇인지, 그리고 그들의 추구했던 삶이 어떠한 것이었는지를 한눈에 알 수 있을 것이다. 더 나아가서 그것은 한국의 전통적인 종교와 문화 및 기독교를 이해하는 데 많은 도움을 줄 것으로 믿는다.

주

1) 마르둑은 구약성서에서 므로닥(Merodach)으로 표기되며(이사야 39:1), 그의 별칭인 벨(Bel)로 자주 불린다(이사야 46:1; 예레미야 50:2; 51:44). 외경의 '다니엘과 벨과 용'에도 그의 이름이 언급된다. 그의 아들 나부(Nabu) 역시 구약성서에서 느보(Nebo)로 표기된다(이사야 46:1).
2) 특히 이들 중에서도 구약성서의 에스겔 21:21-22는 바빌론 왕이 행하던 화살점과 간신점에 대해서 언급하고 있다.
3) 테베는 구약성서에서 '노-아몬'(No-Amon)으로 표기된다(나훔 3:8). 이 표현은 테베가 아몬의 도시임을 암시한다.
4) 호루스(Horus)의 아들인 토트는 달신이면서 동시에 지혜의 신이기도 하다.
5) 헬리오폴리스는 구약성서에서 '온'(On)으로 표기된다. 창세기 41:45에 의하면 요셉은 헬리오폴리스의 태양신 제사장인 보디베라의 딸과 결혼한 것으로 되어 있다.
6) '만물'(All)을 뜻하는 아툼은 왕조 이전 시대부터 헬리오폴리스에서 우주 만물을 창조한 신으로 여겨졌으나 나중에 태양신 레와 동일시되어 레-아툼(Re-Atum)이라는 이름을 갖게 된다.
7) 태양신 레에 관한 창조신화는 없고 단지 '메리카레의 교훈'이라는 문학 작품에 그가 창조신으로 숭배되었음을 가리키는 구절들이 있을 뿐이다.
8) 피라미드 문서는 왕이 내세에 누리게 될 행복과 성공을 보증하는 주술적이고 의례적인 성격의 문헌을 일컫는다.
9) '사자의 서'는 본래 별도의 책으로서 존재하는 것이 아니라, 편의상 학자들이 죽은 사람, 특히 파라오의 영원한 행복을 기원하기 위해 만든 제18왕조 이후의 장례 문헌들을 총칭하는 데 사용하는 표현이다.
10) '아세라'는 아티랏의 히브리식 이름이다.
11) 아스타르트는 구약성서에서 단수형인 '아스도렛'(열왕기상 11:5, 33; 열왕기하 23:13)으로 표기되거나 복수형인 '아스다롯'(사사기 2:13; 10:6; 사무엘상 7:3-4; 12:10; 31:10)으로

표기된다. 본래 단수형 '아스도렛'은 히브리어 '수치'(보셋, shame)의 모음을 집어넣은 것이다.
12) 아낫은 구약에서 '아낫의 아들 삼갈'이라는 인명(사사기 3:31)이나 '벤 아낫'(여호수아 19:38) 또는 '아나돗'(여호수아 21:18; 열왕기상 2:26; 이사야 10:30; 예레미야 1:1; 11:21, 23; 32:7-9 등)의 지명을 제외하고는 전혀 나타나지 않는다.
13) 구약성서는 블레셋의 성읍인 가사와 아스돗의 거민이 다곤을 숭배했다고 기록한다(사사기 16:1-2, 23; 사무엘상 5:1-2).
14) 본래 아세라(아티랏)는 엘의 배우자였으나 나중에 엘의 최고신 권한이 바알에게 이양되면서 자연스럽게 바알의 배우자로 바뀐다. 이스라엘이 가나안에 정착할 무렵에는 그러한 권력 이양이 이미 이루어진 후였다. 따라서 구약성서에서 아세라는 항상 바알의 배우자로 나타난다.
15) 로마 천주교회는 39권에 더하여 12권을 추가로 정경으로 인정하고 있다. 반면에 개신교는 이 12권을 정경으로 인정하지 않고 단지 외경(外經)이라 부를 뿐이다.
16) 한글판 개역은 이 본문들에서 신전 창기를 뜻하는 낱말을 단순히 '남색하는 자'나 '미동'(美童)으로 번역하나, 영어성경(NRSV)은 이를 일관되게 '남자 신전 창기'(male temple prostitutes)로 번역한다. 그리고 호세아 4:14에서 '음부'(淫婦)로 번역된 낱말은 '여자 신전 창기'를 가리키는 낱말이다.

참고문헌

강성열, 『성서로 보는 결혼은유』, 성광문화사, 1998.
_____, 『고대 근동 세계와 이스라엘 종교』, 한들출판사, 2003.
김 성, 『성서고고학 이야기』, 동방미디어, 2002.
노세영·박종수, 『고대 근동의 역사와 종교』, 대한기독교서회, 2000.
문희석 (편), 『구약성서 배경사』, 대한기독교출판사, 1973.
박종수, 『이스라엘 종교와 제사장 신탁: 제비뽑기의 신비』, 한들출판사, 1997.
서규석 편, 『이집트 사자의 서』, 문학동네, 1999.
안성림·조철수, 『사람이 없었다, 신도 없었다』, 서운관, 1995.
장일선, 『구약 세계의 문학』, 대한기독교출판사, 1981.
조철수, 『수메르 신화』, 서해문집, 2003.
_____, 『메소포타미아와 히브리 신화』, 도서출판 길, 2000.
Coogan, M. D., 유선명 옮김, 『우가릿 신화의 세계』, 은성, 1992.
Finkelstein I. 외, 『성경: 고고학인가 전설인가』, 오성환 옮김, 까치, 2002.
Frankfort, H. 외, 이성기 옮김, 『고대 인간의 지적 모험』, 대원사, 1996.
Hart, G., 이응균·천경효 옮김, 『이집트 신화』, 범우사, 2000.
Jacq, C., 임헌 옮김, 『파라오: 제국의 파노라마』, 시아출판, 2001.
Kramer, S. N., 박성식 옮김, 『역사는 수메르에서 시작되었다』, 가람기획, 2000.
McCall, H., 『메소포타미아 신화』, 임웅 옮김, 범우사, 2000.
Neubert, O., 이규조 옮김, 『왕들의 계곡』, 일빛, 1999.
Packer, J. I., 노광우 옮김, 『구약성서 시대의 세계』, 성광문화사, 1993.

Ringgren, H., 김성애 옮김, 『이스라엘의 종교사』, 성바오로출판사, 1990.

Sandars, N. K., 이현주 옮김, 『길가메시 서사시』, 범우사, 2000.

Vercoutter, J., 송숙자 옮김, 『잊혀진 이집트를 찾아서』, 시공사, 1999.

Whitelam, K. W., 김문호 옮김, 『고대 이스라엘의 발명』, 이산, 2003.

프랑스엔 〈크세주〉, 일본엔 〈이와나미 문고〉, 한국에는 〈살림지식총서〉가 있습니다.

📖 전자책 | 🔍 큰글자 | 🔊 오디오북

001 미국의 좌파와 우파 | 이주영 📖🔊
002 미국의 정체성 | 김형인 📖🔊
003 마이너리티 역사 | 손영호 📖
004 두 얼굴을 가진 하나님 | 김형인
005 MD | 정욱식 📖🔊
006 반미 | 김진웅 📖
007 영화로 보는 미국 | 김성곤 📖🔊
008 미국 뒤집어보기 | 장석정
009 미국 문화지도 | 장석정
010 미국 메모랜덤 | 최성일
011 위대한 어머니 여신 | 장영란 📖🔊
012 변신이야기 | 김선자
013 인도신화의 계보 | 류경희 📖🔊
014 축제인류학 | 류정아 📖
015 오리엔탈리즘의 역사 | 정진농 📖🔊
016 이슬람 문화 | 이희수 📖🔊
017 살롱문화 | 서정복
018 추리소설의 세계 | 정규웅 🔊
019 애니메이션의 장르와 역사 | 이용배 📖
020 문신의 역사 | 조현설
021 색채의 상징, 색채의 심리 | 박영수 📖🔊
022 인체의 신비 | 이성주 📖
023 생물학무기 | 배우철 📖
024 이 땅에서 우리말로 철학하기 | 이기상
025 중세는 정말 암흑기였나 | 이경재 📖🔊
026 미셸 푸코 | 양운덕 📖
027 포스트모더니즘에 대한 성찰 | 신승환 📖🔊
028 조폭의 계보 | 방성수
029 성스러움과 폭력 | 류성민 📖
030 성상 파괴주의와 성상 옹호주의 | 진형준 📖
031 UFO학 | 성시정
032 최면의 세계 | 설기문
033 천문학 탐구자들 | 이면우
034 블랙홀 | 이충환 📖
035 법의학의 세계 | 이윤성 📖🔊
036 양자 컴퓨터 | 이순칠 📖
037 마피아의 계보 | 안혁 📖
038 헬레니즘 | 윤진 📖🔊
039 유대인 | 정성호 📖
040 M. 엘리아데 | 정진홍 📖🔊
041 한국교회의 역사 | 서정민 📖🔊
042 야웨와 바알 | 김남일 📖
043 캐리커처의 역사 | 박창석
044 한국 액션영화 | 오승욱 📖
045 한국 문예영화 이야기 | 김남석 📖
046 포켓몬 마스터 되기 | 김윤아 📖

047 판타지 | 송태현 📖
048 르 몽드 | 최연구 📖🔊
049 그리스 사유의 기원 | 김재홍 📖
050 영혼론 입문 | 이정우
051 알베르 카뮈 | 유기환 📖🔊
052 프란츠 카프카 | 편영수 📖
053 버지니아 울프 | 김희정 📖
054 재즈 | 최규용 📖🔊
055 뉴에이지 음악 | 양한수 📖
056 중국의 고구려사 왜곡 | 최광식 📖🔊
057 중국의 정체성 | 강준영 📖
058 중국의 문화코드 | 강진석 🔊
059 중국사상의 뿌리 | 장현근 📖🔊
060 화교 | 정성호 📖
061 중국인의 금기 | 장범성 🔊
062 무협 | 문현선 📖
063 중국영화 이야기 | 임대근 📖
064 경극 | 송철규 📖
065 중국적 사유의 원형 | 박정근 📖🔊
066 수도원의 역사 | 최형걸 📖
067 현대 신학 이야기 | 박만 📖
068 요가 | 류경희 📖
069 성공학의 역사 | 정해윤 📖
070 진정한 프로는 변화가 즐겁다 | 김학선 📖🔊
071 외국인 직접투자 | 송의달
072 지식의 성장 | 이한구 📖🔊
073 사랑의 철학 | 이정은 📖
074 유교문화와 여성 | 김미영 📖
075 매체 정보란 무엇인가 | 구연상 📖🔊
076 피에르 부르디외와 한국사회 | 홍성민 📖
077 21세기 한국의 문화혁명 | 이정덕 📖
078 사건으로 보는 한국의 정치변동 | 양길현 📖🔊
079 미국을 만든 사상들 | 정경희 📖🔊
080 한반도 시나리오 | 정욱식 📖🔊
081 미국인의 발견 | 우수근 📖
082 미국의 거장들 | 김홍국 📖
083 법으로 보는 미국 | 채동배
084 미국 여성사 | 이창신 📖
085 책과 세계 | 강유원 🔊
086 유럽왕실의 탄생 | 김현수 📖🔊
087 박물관의 탄생 | 전진성 📖
088 절대왕정의 탄생 | 임승휘 📖🔊
089 커피 이야기 | 김성윤 📖
090 축구의 문화사 | 이은호
091 세기의 사랑 이야기 | 안재필 📖🔊
092 반연극의 계보와 미학 | 임준서 📖

093 한국의 연출가들 | 김남석 📖
094 동아시아의 공연예술 | 서연호 📖
095 사이코드라마 | 김정일
096 철학으로 보는 문화 | 신응철 📖 🔊
097 장 폴 사르트르 | 변광배 📖
098 프랑스 문화와 상상력 | 박기현 📖
099 아브라함의 종교 | 공일주 📖
100 여행 이야기 | 이진홍 📖 🔊
101 아테네 | 장영란 🔊
102 로마 | 한형곤 📖
103 이스탄불 | 이희수 📖
104 예루살렘 | 최창모 📖
105 상트 페테르부르크 | 방일권 📖
106 하이델베르크 | 곽병휴 📖
107 파리 | 김복래 📖
108 바르샤바 | 최건영 📖
109 부에노스아이레스 | 고부안 📖
110 멕시코 시티 | 정혜주 📖
111 나이로비 | 양철준 📖
112 고대 올림픽의 세계 | 김복희 📖
113 종교와 스포츠 | 이창익 📖
114 그리스 미술 이야기 | 노성두 📖
115 그리스 문명 | 최혜영 📖 🔊
116 그리스와 로마 | 김덕수 🔊
117 알렉산드로스 | 조현미 📖
118 고대 그리스의 시인들 | 김헌 📖
119 올림픽의 숨은 이야기 | 장원재 📖
120 장르 만화의 세계 | 박인하 📖
121 성공의 길은 안에 있다 | 이숙영 📖
122 모든 것을 고객중심으로 바꿔라 | 안상헌 📖
123 중세와 토마스 아퀴나스 | 박주영 📖 🔊
124 우주 개발의 숨은 이야기 | 정홍철 📖
125 나노 | 이영희 📖
126 초끈이론 | 박재모·현승준 📖
127 안토니 가우디 | 손세관 📖 🔊
128 프랭크 로이드 라이트 | 서수경 📖
129 프랭크 게리 | 이일형
130 리차드 마이어 | 이성훈 📖
131 안도 다다오 | 임채진 📖
132 색의 유혹 | 오수연 📖
133 고객을 사로잡는 디자인 혁신 | 신언모
134 양주 이야기 | 김준철 📖
135 주역과 운명 | 심의용 📖 🔊
136 학계의 금기를 찾아서 | 강성민 📖 🔊
137 미·중·일 새로운 패권전략 | 우수근 📖 🔊
138 세계지도의 역사와 한반도의 발견 | 김상근 📖 🔊
139 신용하 교수의 독도 이야기 | 신용하 🔊
140 간도는 누구의 땅인가 | 이성환 📖 🔊
141 말리노프스키의 문화인류학 | 김용환 📖
142 크리스마스 | 이영제
143 바로크 | 신정아 📖
144 페르시아 문화 | 신규섭 📖
145 패션과 명품 | 이재진 📖
146 프랑켄슈타인 | 장정희 📖

147 뱀파이어 연대기 | 한혜원 📖 🔊
148 위대한 힙합 아티스트 | 김정훈 📖
149 살사 | 최명호
150 모던 걸, 여우 목도리를 버려라 | 김주리 📖
151 누가 하이카라 여성을 데리고 사누 | 김미지 📖
152 스위트 홈의 기원 | 백지혜 📖
153 대중적 감수성의 탄생 | 강심호 📖
154 에로 그로 넌센스 | 소래섭 📖
155 소리가 만들어낸 근대의 풍경 | 이승원 📖
156 서울은 어떻게 계획되었는가 | 염복규 📖 🔊
157 부엌의 문화사 | 함한희 📖
158 칸트 | 최인숙 📖
159 사람은 왜 인정받고 싶어하나 | 이정은 📖 🔊
160 지중해학 | 박상진 📖
161 동북아시아 비핵지대 | 이삼성 외
162 서양 배우의 역사 | 김정수
163 20세기의 위대한 연극인들 | 김미혜 📖
164 영화음악 | 박신영 📖
165 한국독립영화 | 김수남 📖
166 영화와 샤머니즘 | 이종승 📖
167 영화로 보는 불륜의 사회학 | 황혜진 📖
168 J.D. 샐린저와 호밀밭의 파수꾼 | 김성곤 📖
169 허브 이야기 | 조태동·송진희 📖 🔊
170 프로레슬링 | 성민수 📖
171 프랑크푸르트 | 이기식 📖
172 바그다드 | 이동은 📖
173 아테네인, 스파르타인 | 윤진 📖
174 정치의 원형을 찾아서 | 최자영
175 소르본 대학 | 서정복
176 테마로 보는 서양미술 | 권용준 📖 🔊
177 칼 마르크스 | 박영균
178 허버트 마르쿠제 | 손철성 📖
179 안토니오 그람시 | 김현우 📖
180 안토니오 네그리 | 윤수종 📖
181 박이문의 문학과 철학 이야기 | 박이문 📖 🔊
182 상상력과 가스통 바슐라르 | 홍명희 📖
183 인간복제의 시대가 온다 | 김홍재
184 수소 혁명의 시대 | 김미선 📖
185 로봇 이야기 | 김문상 📖
186 일본의 정체성 | 김필동 📖 🔊
187 일본의 서양문화 수용사 | 정하미 📖 🔊
188 번역과 일본의 근대 | 최경옥 📖
189 전쟁국가 일본 | 이성환 📖
190 한국과 일본 | 하우봉 📖
191 일본 누드 문화사 | 최유경 📖
192 주신구라 | 이준섭
193 일본의 신사 | 박규태 📖
194 미야자키 하야오 | 김윤아 📖 🔊
195 애니메이션으로 보는 일본 | 박규태 📖
196 디지털 에듀테인먼트 스토리텔링 | 강심호 📖
197 디지털 애니메이션 스토리텔링 | 배주영 📖
198 디지털 게임의 미학 | 전경란 📖
199 디지털 게임 스토리텔링 | 한혜원 📖
200 한국형 디지털 스토리텔링 | 이인화 📖

- 201 디지털 게임, 상상력의 새로운 영토 | 이정엽
- 202 프로이트와 종교 | 권수영
- 203 영화로 보는 태평양전쟁 | 이동훈
- 204 소리의 문화사 | 김토일
- 205 극장의 역사 | 임종엽
- 206 뮤지엄건축 | 서상우
- 207 한옥 | 박명덕
- 208 한국만화사 산책 | 손상익
- 209 만화 속 백수 이야기 | 김성훈
- 210 코믹스 만화의 세계 | 박석환
- 211 북한만화의 이해 | 김성훈·박소현
- 212 북한 애니메이션 | 이대연·김경임
- 213 만화로 보는 미국 | 김기홍
- 214 미생물의 세계 | 이재열
- 215 빛과 색 | 변종철
- 216 인공위성 | 장영근
- 217 문화콘텐츠란 무엇인가 | 최연구
- 218 고대 근동의 신화와 종교 | 강성열
- 219 신비주의 | 금인숙
- 220 십자군, 성전과 약탈의 역사 | 진원숙
- 221 종교개혁 이야기 | 이성덕
- 222 자살 | 이진홍
- 223 성, 그 억압과 진보의 역사 | 윤가현
- 224 아파트의 문화사 | 박철수
- 225 권오길 교수가 들려주는 생물의 섹스 이야기 | 권오길
- 226 동물행동학 | 임신재
- 227 한국 축구 발전사 | 김성원
- 228 월드컵의 위대한 전설들 | 서준형
- 229 월드컵의 강국들 | 심재희
- 230 스포츠마케팅의 세계 | 박찬혁
- 231 일본의 이중권력, 쇼군과 천황 | 다카시로 고이치
- 232 일본의 사소설 | 안영희
- 233 글로벌 매너 | 박한표
- 234 성공하는 중국 진출 가이드북 | 우수근
- 235 20대의 정체성 | 정성호
- 236 중년의 사회학 | 정성호
- 237 인권 | 차병직
- 238 헌법재판 이야기 | 오호택
- 239 프라하 | 김규진
- 240 부다페스트 | 김성진
- 241 보스턴 | 황선희
- 242 돈황 | 전인초
- 243 보들레르 | 이건수
- 244 돈 후안 | 정동섭
- 245 사르트르 참여문학론 | 변광배
- 246 문체론 | 이종오
- 247 올더스 헉슬리 | 김효원
- 248 탈식민주의에 대한 성찰 | 박종성
- 249 서양 무기의 역사 | 이내주
- 250 백화점의 문화사 | 김인호
- 251 초콜릿 이야기 | 정한진
- 252 향신료 이야기 | 정한진
- 253 프랑스 미식 기행 | 심순철
- 254 음식 이야기 | 윤진아
- 255 비틀스 | 고영탁
- 256 현대시와 불교 | 오세영
- 257 불교의 선악론 | 안옥선
- 258 질병의 사회사 | 신규환
- 259 와인의 문화사 | 고형욱
- 260 와인, 어떻게 즐길까 | 김준철
- 261 노블레스 오블리주 | 예종석
- 262 미국인의 탄생 | 김진웅
- 263 기독교의 교파 | 남병두
- 264 플로티노스 | 조규홍
- 265 아우구스티누스 | 박경숙
- 266 안셀무스 | 김영철
- 267 중국 종교의 역사 | 박종우
- 268 인도의 신화와 종교 | 정광흠
- 269 이라크의 역사 | 공일주
- 270 르 코르뷔지에 | 이관석
- 271 김수영, 혹은 시적 양심 | 이은정
- 272 의학사상사 | 여인석
- 273 서양의학의 역사 | 이재담
- 274 몸의 역사 | 강신익
- 275 인류를 구한 항균제들 | 예병일
- 276 전쟁의 판도를 바꾼 전염병 | 예병일
- 277 사상의학 바로 알기 | 장동민
- 278 조선의 명의들 | 김호
- 279 한국인의 관계심리학 | 권수영
- 280 모건의 가족 인류학 | 김용환
- 281 예수가 상상한 그리스도 | 김호경
- 282 사르트르와 보부아르의 계약결혼 | 변광배
- 283 초기 기독교 이야기 | 진원숙
- 284 동유럽의 민족 분쟁 | 김철민
- 285 비잔틴제국 | 진원숙
- 286 오스만제국 | 진원숙
- 287 별을 보는 사람들 | 조상호
- 288 한미 FTA 후 직업의 미래 | 김준성
- 289 구조주의와 그 이후 | 김종우
- 290 아도르노 | 이종하
- 291 프랑스 혁명 | 서정복
- 292 메이지유신 | 장인성
- 293 문화대혁명 | 백승욱
- 294 기생 이야기 | 신현규
- 295 에베레스트 | 김법모
- 296 빈 | 인성기
- 297 빌트3국 | 서진석
- 298 아일랜드 | 한일동
- 299 이케다 하야토 | 권혁기
- 300 박정희 | 김성진
- 301 리콴유 | 김성진
- 302 덩샤오핑 | 박형기
- 303 마거릿 대처 | 박동운
- 304 로널드 레이건 | 김형곤
- 305 셰이크 모하메드 | 최진영
- 306 유엔사무총장 | 김정태
- 307 농구의 탄생 | 손대범
- 308 홍차 이야기 | 정은희

309 인도 불교사 | 김미숙 📖
310 아힌사 | 이정호
311 인도의 경전들 | 이재숙 📖
312 글로벌 리더 | 백형찬 📖 🔍
313 탱고 | 배수경
314 미술경매 이야기 | 이규현 📖
315 달마와 그 제자들 | 우봉규 📖 🔍
316 화두와 좌선 | 김호귀 📖 🔍
317 대학의 역사 | 이광주 📖
318 이슬람의 탄생 | 진원숙 📖
319 DNA분석과 과학수사 | 박기원 📖 🔍
320 대통령의 탄생 | 조지형 📖
321 대통령의 퇴임 이후 | 김형곤
322 미국의 대통령 선거 | 윤용희 📖
323 프랑스 대통령 이야기 | 최연구 📖
324 실용주의 | 이유선 📖 🔍
325 맥주의 세계 | 원융희 📖 🔊
326 SF의 법칙 | 고장원
327 원효 | 김원명 📖
328 베이징 | 조창완 📖
329 상하이 | 김윤희 📖
330 홍콩 | 유영하 📖
331 중화경제의 리더들 | 박형기 📖
332 중국의 엘리트 | 주장환 📖
333 중국의 소수민족 | 정재남
334 중국을 이해하는 9가지 관점 | 우수근 📖 🔍 🔊
335 고대 페르시아의 역사 | 유흥태 📖
336 이란의 역사 | 유흥태
337 에스파한 | 유흥태 📖
338 번역이란 무엇인가 | 이향 📖
339 해체론 | 조규형 📖
340 자크 라캉 | 김용수 📖
341 하지홍 교수의 개 이야기 | 하지홍 📖
342 다방과 카페, 모던보이의 아지트 | 장유정 📖
343 역사 속의 채식인 | 이광조 (절판)
344 보수와 진보의 정신분석 | 김용신 📖 🔍
345 저작권 | 김기태 📖
346 왜 그 음식은 먹지 않을까 | 정한진 📖 🔍 🔊
347 플라멩코 | 최명호
348 월트 디즈니 | 김지영 📖
349 빌 게이츠 | 김익현 📖
350 스티브 잡스 | 김상훈 📖 🔍
351 잭 웰치 | 하정필 📖
352 워렌 버핏 | 이민주
353 조지 소로스 | 김성진 📖
354 마쓰시타 고노스케 | 권혁기 📖 🔍
355 도요타 | 이우광 📖
356 기술의 역사 | 송성수 📖
357 미국의 총기 문화 | 손영호 📖
358 표트르 대제 | 박지배 📖
359 조지 워싱턴 | 김형곤 📖
360 나폴레옹 | 서정복 🔊
361 비스마르크 | 김장수 📖
362 모택동 | 김승일 📖

363 러시아의 정체성 | 기연수 📖
364 너는 시방 위험한 로봇이다 | 오은 📖
365 발레리나를 꿈꾼 로봇 | 김선혁 📖
366 로봇 선생님 가라사대 | 안동근 📖
367 로봇 디자인의 숨겨진 규칙 | 구신애 📖
368 로봇을 향한 열정, 일본 애니메이션 | 안병욱 📖
369 도스토예프스키 | 박영은 📖 🔊
370 플라톤의 교육 | 장영란 📖
371 대공황 시대 | 양동휴 📖
372 미래를 예측하는 힘 | 최연구 📖
373 꼭 알아야 하는 미래 질병 10가지 | 우정헌 📖 🔍 🔊
374 과학기술의 개척자들 | 송성수 📖
375 레이첼 카슨과 침묵의 봄 | 김재호 📖 🔍
376 좋은 문장 나쁜 문장 | 송준호 📖
377 바울 | 김호경 📖
378 테킬라 이야기 | 최명호 📖
379 어떻게 일본 과학은 노벨상을 탔는가 | 김범성 📖 🔍
380 기후변화 이야기 | 이유진 📖 🔍
381 샹송 | 전금주
382 이슬람 예술 | 전완경 📖
383 페르시아의 종교 | 유흥태
384 삼위일체론 | 유해무 📖
385 이슬람 율법 | 공일주 📖
386 (개정판) 반야심경·금강경 | 곽철환 📖 🔍
387 루이스 칸 | 김낙중·정태용 📖
388 톰 웨이츠 | 신주현 📖
389 위대한 여성 과학자들 | 송성수 📖
390 법원 이야기 | 오호택 📖
391 명예훼손이란 무엇인가 | 안상운 📖
392 사법권의 독립 | 조지형 📖
393 피해자학 강의 | 장규원 📖
394 정보공개란 무엇인가 | 안상운 📖
395 적정기술이란 무엇인가 | 김정태·홍성욱 📖
396 치명적인 금융위기, 왜 유독 대한민국인가 | 오형규 📖 🔍
397 지방자치단체, 돈이 새고 있다 | 최인욱 📖
398 스마트 위험사회가 온다 | 민경식 📖
399 한반도 대재난, 대책은 있는가 | 이정직 📖
400 불안사회 대한민국, 복지가 해답인가 | 신광영 📖 🔍
401 21세기 대한민국 대외전략 | 김기수 📖
402 보이지 않는 위협, 종북주의 | 류현수 📖
403 우리 헌법 이야기 | 오호택 📖
404 핵심 중국어 간체자(簡體字) | 김현정 🔍
405 문화생활과 문화주택 | 김용범 📖
406 미래주거의 대안 | 김세용·이재준
407 개방과 폐쇄의 딜레마, 북한의 이중적 경제 | 남성욱·정유석 📖
408 연극과 영화를 통해 본 북한 사회 | 민병욱 📖
409 먹기 위한 개방, 살기 위한 외교 | 김계동 📖
410 북한 정권 붕괴 가능성과 대비 | 전경주 📖
411 북한을 움직이는 힘, 군부의 패권경쟁 | 이영훈 📖
412 인민의 천국에서 벌어지는 인권유린 | 허만호 📖
413 성공을 이끄는 마케팅 법칙 | 추성엽 📖
414 커피로 알아보는 마케팅 베이직 | 김민주 📖
415 쓰나미의 과학 | 이호준 📖
416 20세기를 빛낸 극작가 20인 | 백승무 📖

417 20세기의 위대한 지휘자 | 김문경 📖 🔍
418 20세기의 위대한 피아니스트 | 노태헌 📖 🔍
419 뮤지컬의 이해 | 이동섭 📖
420 위대한 도서관 건축 순례 | 최정태 📖 🔍
421 아름다운 도서관 오디세이 | 최정태 📖 🔍
422 롤링 스톤즈 | 김기범 📖
423 서양 건축과 실내디자인의 역사 | 천진희
424 서양 가구의 역사 | 공혜원 📖
425 비주얼 머천다이징&디스플레이 디자인 | 강희수
426 호감의 법칙 | 김경호 📖
427 시대의 지성, 노암 촘스키 | 임기대 📖
428 역사로 본 중국음식 | 신계숙 📖 🔍
429 일본요리의 역사 | 박병학 📖 🔍
430 한국의 음식문화 | 도현신 📖
431 프랑스 음식문화 | 민혜련 📖
432 중국차 이야기 | 조은아 📖 🔍
433 디저트 이야기 | 안호기 📖
434 치즈 이야기 | 박승용 📖
435 면(麵) 이야기 | 김한송 📖 🔍
436 막걸리 이야기 | 정은숙 📖 🔍
437 알렉산드리아 비블리오테카 | 남태우 📖
438 개헌 이야기 | 오호택 📖
439 전통 명품의 보고, 규장각 | 신병주 📖 🔍
440 에로스의 예술, 발레 | 김도윤 📖
441 소크라테스를 알라 | 장영란 📖
442 소프트웨어가 세상을 지배한다 | 김재호 📖
443 국제난민 이야기 | 김철민 📖
444 셰익스피어 그리고 인간 | 김도윤 📖
445 명상이 경쟁력이다 | 김필수 📖 🔍
446 갈매나무의 시인 백석 | 이숭원 📖 🔍
447 브랜드를 알면 자동차가 보인다 | 김흥식 📖
448 파이온에서 힉스 입자까지 | 이강영 📖
449 알고 쓰는 화장품 | 구희연
450 희망이 된 인문학 | 김호연 📖 🔍
451 한국 예술의 큰 별 동랑 유치진 | 백형찬 📖
452 경허와 그 제자들 | 우봉규 📖
453 논어 | 윤홍식 📖 🔍
454 장자 | 이기동 📖 🔍
455 맹자 | 장현근 📖 🔍
456 관자 | 신창호 📖 🔍
457 순자 | 윤무학 📖 🔍
458 미사일 이야기 | 박준복 📖
459 사주(四柱) 이야기 | 이지형 📖 🔍
460 영화로 보는 로큰롤 | 김기범 📖
461 비타민 이야기 | 김정환 📖
462 장군 이순신 | 도현신 📖 🔍
463 전쟁의 심리학 | 이윤규 📖
464 미국의 장군들 | 여영무 📖
465 첨단무기의 세계 | 양낙규 📖
466 한국무기의 역사 | 이내주 📖 🔍
467 노자 | 임헌규 📖 🔍
468 한비자 | 윤찬원 📖 🔍
469 묵자 | 박문현 📖 🔍
470 나는 누구인가 | 김용신 📖 🔍

471 논리적 글쓰기 | 여세주 📖 🔍
472 디지털 시대의 글쓰기 | 이강룡 🔍
473 NLL을 말하다 | 이상철 📖 🔍
474 뇌의 비밀 | 서유헌 📖 🔍
475 버트런드 러셀 | 박병철 📖
476 에드문트 후설 | 박인철 📖
477 공간 해석의 지혜, 풍수 | 이지형 📖 🔍
478 이야기 동양철학사 | 강성률 📖 🔍
479 이야기 서양철학사 | 강성률 📖 🔍
480 독일 계몽주의의 유학적 기초 | 전홍석 📖
481 우리말 한자 바로쓰기 | 안광희 📖 🔍
482 유머의 기술 | 이상훈 📖
483 관상 | 이태룡 📖
484 가상학 | 이태룡 📖
485 역경 | 이태룡 📖
486 대한민국 대통령들의 한국경제 이야기 1 | 이장규 📖 🔍
487 대한민국 대통령들의 한국경제 이야기 2 | 이장규 📖 🔍
488 별자리 이야기 | 이형철 외 📖 🔍
489 셜록 홈즈 | 김재성 📖
490 역사를 움직인 중국 여성들 | 이양자 📖 🔍
491 중국 고전 이야기 | 문승용 📖 🔍
492 발효 이야기 | 이미란 📖 🔍
493 이승만 평전 | 이주영 📖
494 미군정시대 이야기 | 차상철 📖
495 한국전쟁사 | 이희진 📖
496 정전협정 | 조성훈 📖 🔍
497 북한 대남 침투도발사 | 이윤규 📖
498 수상 | 이태룡 📖
499 성명학 | 이태룡 📖
500 결혼 | 남정욱 📖
501 광고로 보는 근대문화사 | 김병희 📖 🔍
502 시조의 이해 | 임형선 📖
503 일본인은 왜 속마음을 말하지 않을까 | 임영철 📖
504 내 사랑 아다지오 | 양태조 📖
505 수프림 오페라 | 김도윤 📖
506 바그너의 이해 | 서정원 📖
507 원자력 이야기 | 이정익 📖
508 이스라엘과 창조경제 | 정성호 📖
509 한국 사회 빈부의식은 어떻게 변했는가 | 김용신 📖
510 요하문명과 한반도 | 우실하 📖
511 고조선왕조실록 | 이희진 📖
512 고구려조선왕조실록 1 | 이희진 📖
513 고구려조선왕조실록 2 | 이희진 📖
514 백제왕조실록 1 | 이희진 📖
515 백제왕조실록 2 | 이희진 📖
516 신라왕조실록 1 | 이희진 📖
517 신라왕조실록 2 | 이희진
518 신라왕조실록 3 | 이희진
519 가야왕조실록 | 이희진 📖
520 발해왕조실록 | 구난희 📖
521 고려왕조실록 1 | 홍영의 📖
522 고려왕조실록 2 | 홍영의 📖
523 조선왕조실록 1 | 이성무 📖 🔍
524 조선왕조실록 2 | 이성무 📖 🔍

525 조선왕조실록 3 | 이성무
526 조선왕조실록 4 | 이성무
527 조선왕조실록 5 | 이성무
528 조선왕조실록 6 | 편집부
529 정한론 | 이기용
530 청일전쟁 | 이성환
531 러일전쟁 | 이성환
532 이슬람 전쟁사 | 진원숙
533 소주이야기 | 이지형
534 북한 남침 이후 3일간, 이승만 대통령의 행적 | 남정옥
535 제주 신화 1 | 이석범
536 제주 신화 2 | 이석범
537 제주 전설 1 | 이석범 (절판)
538 제주 전설 2 | 이석범 (절판)
539 제주 전설 3 | 이석범 (절판)
540 제주 전설 4 | 이석범 (절판)
541 제주 전설 5 | 이석범 (절판)
542 제주 민담 | 이석범
543 서양의 명장 | 박기련
544 동양의 명장 | 박기련
545 루소, 교육을 말하다 | 고봉만 · 황성원
546 철학으로 본 앙트러프러너십 | 전인수
547 예술과 앙트러프러너십 | 조명계
548 예술마케팅 | 전인수
549 비즈니스상상력 | 전인수
550 개념설계의 시대 | 전인수
551 미국 독립전쟁 | 김형곤
552 미국 남북전쟁 | 김형곤
553 초기불교 이야기 | 곽철환
554 한국가톨릭의 역사 | 서정민
555 시아 이슬람 | 유흥태
556 스토리텔링에서 스토리두잉으로 | 윤주
557 백세시대의 지혜 | 신현동
558 구보 씨가 살아온 한국 사회 | 김병희
559 정부광고로 보는 일상생활사 | 김병희
560 정부광고의 국민계몽 캠페인 | 김병희
561 도시재생이야기 | 윤주
562 한국의 핵무장 | 김재엽
563 고구려 비문의 비밀 | 정호섭
564 비슷하면서도 다른 한중문화 | 장범성
565 급변하는 현대 중국의 일상 | 장시,리우린,장범성
566 중국의 한국 유학생들 | 왕링윈, 장범성
567 밥 딜런 그의 나라에는 누가 사는가 | 오민석
568 언론으로 본 정부 정책의 변천 | 김병희
569 전통과 보수의 나라 영국 1–영국 역사 | 한일동
570 전통과 보수의 나라 영국 2–영국 문화 | 한일동
571 전통과 보수의 나라 영국 3–영국 현대 | 김언조
572 제1차 세계대전 | 윤형호
573 제2차 세계대전 | 윤형호
574 라벨로 보는 프랑스 포도주의 이해 | 전경준
575 미셸 푸코, 말과 사물 | 이규현
576 프로이트, 꿈의 해석 | 김석
577 왜 5왕 | 홍성화
578 소가씨 4대 | 나행주
579 미나모토노 요리토모 | 남기학
580 도요토미 히데요시 | 이계황
581 요시다 쇼인 | 이희복
582 시부사와 에이이치 | 양의모
583 이토 히로부미 | 방광석
584 메이지 천황 | 박진우
585 하라 다카시 | 김영숙
586 히라쓰카 라이초 | 정애영
587 고노에 후미마로 | 김봉식
588 모방이론으로 본 시장경제 | 김진식
589 보들레르의 풍자적 현대문명 비판 | 이건수
590 원시유교 | 한성구
591 도가 | 김대근
592 춘추전국시대의 고민 | 김현주
593 사회계약론 | 오수웅
594 조선의 예술혼 | 백형찬
595 좋은 영어, 문체와 수사 | 박종성

고대 근동의 신화와 종교

펴낸날	초판 1쇄 2006년 2월 28일
	초판 7쇄 2025년 7월 15일

지은이	**강성열**
펴낸이	**심만수**
펴낸곳	**(주)살림출판사**
출판등록	1989년 11월 1일 제9-210호

주소	경기도 파주시 광인사길 30
전화	031-955-1350 팩스 031-624-1356
홈페이지	http://www.sallimbooks.com
이메일	book@sallimbooks.com

ISBN	978-89-522-0483-7 04080
	978-89-522-0096-9 04080 (세트)

※ 값은 뒤표지에 있습니다.
※ 잘못 만들어진 책은 구입하신 서점에서 바꾸어 드립니다.